꿈을 만난 아이는
행복한 인재로 자란다

10대 자녀를 둔 부모가 꼭 해 줘야 할 한 가지
"꿈 찾기 프로젝트"

꿈을 만난 아이는 행복한 인재로 자란다

이익선 지음

KOREA.COM

차례

공부보다 먼저 꿈을 만나는 길로
자녀를 데려가라

"특별히 좋아하는 것도 없고, 딱히 하고 싶은 일도 없어요."

이렇게 말하는 이들은 우리나라에서 흔히 만날 수 있는 평범한 대학생들이다. 가장 반짝일 나이인 20대에게서 이런 대답을 들을 때마다 나는 당황스럽다.

'도대체 우리나라 교육은 학생들에게 무슨 짓을 한 것인가?'

초·중·고등학교를 졸업하고, 대학에 진학해서 군대까지 다녀왔음에도 자신이 무엇을 원하는지, 무엇을 좋아하는지조차 모르는 대학생들이 대부분이란 것은 아무리 생각해도 정상이 아니다. 우리 교육은 이론, 공식, 단어, 기술 등을 가르쳐서 학생들을 산업사회의 역군으로 키워 내는 데는 성공적이었지만, 학생의 소질, 적성, 흥미를 파악하고, 인생의 목적과 의미를 찾을 기회를 주는 측면에는 소홀했던 것 같다.

부모들도 자녀들과 인생의 방향에 대한 진지한 대화를 나누지 않는다. 자녀가 꿈을 발견하고 인생의 의미를 찾도록 돕기보다는, 속히 취업하라고 몰아붙이는 경우가 훨씬 더 많다. 그래서인지 학생들은 직장을 선택하는 일에 있어서도 자신의 선호는 상관없다는 듯 남 얘기하듯이 말한다.

"저는 어떤 회사라도 상관없어요. 주말에 쉴 수 있고, 육아휴직이 보장되고, 연봉도 남들만큼 받으면 돼요. 부모님에게 부끄럽지 않고, 결혼하게 된다면 배우자의 부모님에게도 부끄럽지 않을 정도의 직장이면 좋겠어요."

꿈을 가지고 직장을 선택하는 대학생을 만나기란 하늘의 별 따기다. 개성이 다양해졌다고들 하지만, 학생들의 꿈은 여전히 정형화된 틀에 박혀 있다. 학생들은 자신의 소질, 적성, 흥미가 무엇인지도 모르고, 가슴을 뛰게 하는 꿈을 발견하는 방법은 더욱 모른다. 막연히 간판 좋은 회사에 취직하기 바랄 뿐이며, 그래서 지금 이 순간에도 영문도 모른 채 스펙 쌓기 경쟁을 벌이고 있는 것이다.

대학에서 학생들을 가르치는 선생으로서 그런 학생들을 보며 당황스럽고 불편했던 나의 마음은 안타까움으로 바뀌었고, 그들을 도울 수 있는 방법에 대해 고민하기 시작했다. 학생들이 빨리 취업을 하도록 돕기보다, 꿈을 찾고 자신에게 맞는 직업을 찾도록 돕는다면 어떨까? 꿈을 찾는 방법을 알려 주어, 학생들이 가슴 뛰는 꿈을 향해 정진한다면? 그렇게 해서 단순히 누군가에게 보이기 위한 취업이 아니라, 자신의 열심을 다할 수 있는 취업을 한다면? 누구나 미래를 위해 노력하지만, 어떤 의미를 가지고 하느냐에 따라 열정의 차원이 달라질 수 있다.

나는 이러한 고민을 구체화하여 본격적으로 프로젝트를 연구했고, 2009년에 동아대학교에서 "Vision Makers"라는 꿈 찾기 프로젝트를 시작했다. "Vision Makers"는 대학생들이 꿈을 발견하도록 돕는 8주 과정의 프로젝트로, 이 프로젝트에 참여한 학생들은 자신이 원하는 꿈을 찾아냈고, 가슴 뛰는 진짜 도전을 하기 시작했다. 이후 이 프로젝트는 학생들로부터 좋은 반응을 얻어 매학기 운영하게 되었다.

"Vision Makers" 프로젝트의 성과가 좋아서였는지, 교육청으로부터 강연 요청을 받아 각 학교의 진학 상담 교사, 학부모, 학생들을 대상으로 강연도 하게 되었다.

그러던 중에 한국교원단체총연합회(이하 한국교총)로부터 온라인 강의를 제안받았다. 한국교총은 전국의 초·중·고등학교 선생님들을 대상으로 '사제동행'(www.education.or.kr)이라는 온라인 강의 사이트를 운영하고 있다. 나는 한국교총의 제안을 받아들여 "꿈을 실현하는 드림스킬스"라는 온라인 강의를 제작하여, 2013년 5월부터 서비스를 시작했다. 이 강의는 선생님들이 각 교실에서 학생들을 대상으로 꿈 찾기 프로젝트를 시도하기 바라는 마음으로 진행했으며, 다양한 방법론과 사례, 자료들을 제시했다.

"꿈을 실현하는 드림스킬스"에 대한 선생님들의 반응은 뜨거웠다. 사제동행 사이트에서 베스트 강좌로 선정되었고, 많은 선생님들이 이메일을 보내 응원과 문의를 해 왔으며, 내가 운영하는 'Vision Makers' 온라인 카페(cafe.daum.net/viz-makers)에 가입하여 정보를 요청했다. 심지어 부산까지 나를 찾아오는 선생님들도 여럿 있었다.

2013년 9월에 한국교총은 "꿈을 실현하는 드림스킬스"를 축약하여, 학부모를 대상으로 한 '유런넷'(www.ulearnnet.com) 사이트에도 강의를 개설했다. 그리고 시·도 교육청들과 협약을 맺고 학부모에게 무료로 강의를 제공했다. 유런넷 강의에 대한 학부모들의 반응은 가히 폭발적이었다. 많은 분들이 수강 후기를 남겨 주었으며 수많은 이메일을 보내 왔다.

　이러한 뜨거운 반응을 접하면서, 나는 더 많은 부모들이 자녀를 대상으로 꿈 찾기 프로젝트를 실행할 수 있도록 도와주면 좋겠다는 생각을 하게 되었다. 그리고 3년간의 준비 끝에 지금 이 책이 세상에 빛을 보게 되었다.

　자녀들이 공부를 힘들어하는 이유는 가슴을 뛰게 만드는 꿈을 찾지 못했기 때문이다. 자신이 진정 원하는 꿈을 찾지 못했기 때문에 공부에 대한 의미를 찾지 못하는 것이고, 그러니 공부가 재미없고 힘들 수밖에 없다.

　자녀들을 꿈 상실, 목적 부재의 공허함에서 구출해 내야 한다. 특히 청소년기에 공부의 의미를 찾을 수 있도록, 자녀들이 꿈꿀 수 있도록 부모가 주도적으로 도와야 한다. 자녀들이 꿈꾸도록 도울 수 있는 가장 중요한 사람은 바로 부모다. 자녀에 대해 가장 잘 알고 있는 부모야말로 어떤 뛰어난 전문가보다 훌륭한 선생님이다. 어떤 환경에 있든, 어떤 연령대에 있든, 부모는 자녀에게 가장 큰 영향을 줄 수 있는 특별한 존재임을 기억해야 한다.

꿈꾸는 일에도 기술이 필요하다. 꿈꾸는 기술은 가르칠 수 있으며 배울 수도 있다. 자녀의 강점과 약점, 소질과 적성을 돌아보고, 미래를 전망해 보고, 그러한 속에서 인생을 계획해 보는 꿈꾸는 기술은 분명 존재한다.

이 책은 부모가 가정에서 꿈 찾기 프로젝트를 진행할 수 있도록 고안되었고, 30개의 커리큘럼을 제시하고 있다. 이 30개의 주제를 가지고 일주일에 10~20분이라도 자녀들과 편하게 대화를 나누면서 꿈을 발견하기 위한 과정을 자연스럽게 진행하는 것이다. 어떤 주제들은 여러 번에 걸쳐서 진행할 수 있으며, 어떤 주제들은 건너뛰거나 간략히 다룰 수도 있다. 자녀의 연령이나 성향 등에 맞추어서 적절히 활용하면 된다.

내가 추천하는 바는 자녀에게 꿈을 만들어 주겠다고 작정하고 주입하듯 단계를 몰아붙이기보다, 자녀의 성장 정도에 맞추어 두세 번 반복하면서 자녀 스스로 꿈을 꾸고 길을 찾을 수 있게 도와주는 것이다. 그러기 위해서는 무엇보다 부모의 여유와 성실함이 필요하다.

꿈 찾기 프로젝트를 진행하다 보면 회의가 들 때도 있을 것이다. '이런다고 뭐가 달라지겠어? 괜히 헛수고하는 것 아닌가?' 하며 포기하고 싶어질지도 모른다. 그러나 꿈을 생각해 보고 그것을 말로 표현하는 활동 자체는 자녀의 마음속에 작은 씨앗을 하나 심는 일이다. 그렇게 심어진 씨앗이 나중에 어디까지 뻗어 나갈지는 누구도 알 수 없다. 우리의 상상을 초월하는 일이 일어날 수도 있는 것이다.

교육의 힘은 막강하다.

'꿈을 찾는 기술'을 전하며

이익선

'성적'을 위해서가 아니라 '꿈'을 위해 부모가 해 줄 것을 찾았습니다

＊ 나처럼 시행착오를 겪지 않도록 조언해 줄 수 있어 다행

이익선 교수님의 강의를 들으며 그동안 나는 꿈이 없이 살아왔다는 사실을 알게 되었습니다. 이번 기회로 아이들이 저와 같은 시행착오를 겪지 않도록 조언해 줄 수 있어 참으로 다행입니다. 며칠 후면 큰 아이가 수능을 치릅니다. '내가 뭘 하고 싶은지 모르겠어' 하며 눈물 흘리던 아이에게, '다가올 수능은 너의 30년 후 미래를 향해 가는 작은 일들 중에 하나야'라고 말해 줄 자신이 생겼습니다. 혹여 아이가 실패의 아픔을 겪더라도 좌절하지 않고 실패를 거울삼아 30년 후의 행복한 삶을 위해 한걸음 나아갈 수 있도록 힘이 되어 주겠습니다. 분명 내 아이들은 앞으로 큰 꿈을 꿀 것입니다. 엄마가 꿈을 꾸기 시작했으니까 말입니다.

＊ 성적에 안달복달하지 않고 응원해 줄 수 있는 부모가 됐어요

아들의 성적에 안달복달하며 아이를 괴롭히고 나를 괴롭혀 왔습니다. 그러나 아들의 학창 시절도 과정일 뿐이고, 성적보단 아이가 빨리 꿈을 찾을 수 있도록 도와주는 것이 중요하다는 것을 알게 되었습니다. 실패했다고 여길 때도 격려해 주며, 그건 꿈을 이루기 위한 중요한 과정일 뿐이라고 응원해 줄 수 있는 괜찮은 부모가 될 자신이 생겼습니다.

* 아들과 함께 꿈 설계를 해 봤습니다

중간고사가 끝난 아들과 함께 수강하였는데, 아들도 꿈을 설계하는 데 도움이 되었다고 합니다. 저도 스토리형 꿈을 만들어 보아야겠다는 계획을 세웠습니다!

* 아이들을 키우는 데 정답을 찾은 느낌입니다

나름 목표와 길을 만들어 가정을 이끌어 가고 있다고 생각했는데 잘못된 방법으로 가고 있다는 걸 깨닫게 되었습니다. 강의를 다 듣고 나니 눈앞이 환해지면서 갑자기 해야 할 일이 많아짐을 느낍니다. 다들 아이들을 키우는 데는 정답이 없다고 하는데 정답을 찾은 느낌이라고나 할까요? 강의를 들을수록 무표정이던 아이들이 미소를 띠며 함박웃음을 짓는 그런 얼굴들로 변하는 상상을 하게 되었습니다.

* 이제 아이들을 위해 할 일이 생겼어요

저희 아이들에게 꿈을 물어보았습니다. 7살은 단어형, 2학년은 어설픈 문장형, 4학년은 완성되지 않은 스토리형으로 대답을 하네요. 이제 제가 할 일이 생겼어요! 엊그제만 해도 시험 잘 봐야 하니 공부하라고 잔소리만 늘어놓았는데…. 오늘부터 아이들을 위해서 아이들이 원하고 행복해하는 꿈을 잘 이룰 수 있도록 도와줄 수 있을 것 같아요. 일단 격려하고 아이 말에 귀를 기울이는 것부터 시작해 보겠습니다.

* 아이들이 엄마가 변했다고 하네요

꿈에 대해 자신감이 생겼습니다. 자녀들에게 자존감을 심어 주는 대화법과, 아이가 미래에 대한 꿈을 크게 꿀 수 있도록 인도하는 법을 배웠습니다. 아이들이 엄마가 변했다고 말하기에 어색하냐고 물으니, 엄마가 엄청 지식인 같다며 웃네요.

* 또 다른 용기가 생겼어요

아이들의 이야기에 귀 기울여 주며 힘을 잃지 않게 응원하는 엄마가 되었습니다. 아이에게 큰 꿈을 꾸라고 닦달하며 제 기준에서만 이야기했던 것이 부끄러웠습니다. 아이를 믿어 주는 또 다른 용기가 생긴 것만 같습니다.

* 위 내용은 한국교총 학부모 대상 강의 사이트인 '유런넷'에 올라온
학부모의 수강 후기 중 일부를 발췌한 것입니다.

1장.
꿈이 있는 아이의
미래는 달라진다

꿈이요? 글쎄요,
모르겠는데요

공부를 왜 해야 하는지 모르는 아이들

"공부를 왜 해야 하는지 모르겠어요."

"앞으로 무엇을 해야 할지도 모르겠어요."

중학교 교사인 강 선생님은 요즘 고민이 깊다. 한창 사춘기를 겪고 있는 중학생 딸 지수가 얼마 전 눈물까지 흘리며 속마음을 털어놓은 것이다.

지수는 초등학생 때까지만 해도 성적이 상위권이었고, 학교 임원으로 활동하며 각종 행사에서 상도 여러 번 받았다. 자주 바뀌기는 했지만 꿈도 주저 없이 말하던 아이였다. 그런데 중학생이 되어서는 공부에 흥미를 붙이지 못하면서 성적도 점차 떨어져 중하위권을 맴돌고, 그러는 사이에 자신감도 잃어버리고 꿈도 없어진 것이다.

그동안 지수는 엄마가 정해 주는 학원에 잘 다녔고, 엄마가 시키는 대로 잘 따르는 순종적인 아이였다. 엄마는 지수가 그대로 성장한다면 별 탈 없이 좋은 대학에 입학할 것이라 기대했다. 하지만 지수는 사춘기에 접어들면서 본격적으로 정체성에 대한 고민을 시작했다. 사춘기라서 그런가 보다 이해하려 했지만, 눈물까지 흘리면서 공부를 왜 해야 하는지 모르겠다는 딸아이를 보는 부모의 마음은 매우 고통스러웠다.

강 선생님은 엄마로서 자녀교육에 관심과 정성을 기울이며 최선을 다했다고 자부했는데, 상황이 이렇게 되니 스스로 자책까지 하게 되었다. 강 선생님은 안타까운 심정으로 딸에게 말했다.

"지수야, 네가 이루고 싶은 꿈이 없어서 지금은 공부가 힘들겠지만, 어떤 일을 하든지 기본은 공부란다. 공부를 열심히 하다 보면 꿈을 발견할 수도 있고, 원하는 일이 생겼을 때 선택의 폭도 넓어질 수 있어. 공부 때문에 나중에 하고 싶은 일이 있어도 발목이 잡혀서 후회할 수 있으니 일단은 공부에 최선을 다해 보는 것이 어떻겠니?"

매우 훌륭한 말이었지만 안타깝게도 지수의 마음에는 전혀 와 닿지 않았다.

강 선생님은 지수가 스스로 꿈이나 목표를 정해 본 적이 없었던 것이 문제의 근본 원인인 것 같다며, 지수가 꿈꿀 수 있도록 돕는 방법은 무엇일지 고민해야겠다고 했다.

사춘기를 지나는 딸이 엄마에게 솔직하게 마음을 터놓고 대화하고 있다는 점은 그래도 고무적이다. 강 선생님도 자녀가 꿈꿀 수 있도록 돕겠다고 다짐한 것은 아주 좋은 출발이다. 시기가 더 빨랐다면 좋았겠지만 지금이라도 꿈을 찾기 시작한다면 충분히 의미 있는 성장이 가능할 것이다.

2008년 한국고용정보원에서 수행한 진로교육실태조사 결과에 따르면 장래 희망이 '없다'라고 답한 중학생은 조사 대상 중에서 34.4%, 고등학생은 32.3%에 달했다. 진학하는 고등학교의 계열을 결정한 이유로 '원하는 장래 희망을 이루기 위해서'라고 목적을 밝힌 중학생은 10.6%에 그쳤고, 대부분은 특별한 이유 없음(29.2%), 성적에 따라서(19.2%), 원하는 대학에 가려고(15%) 등을 택했다고 한다.

앞의 사례에 나온 지수처럼 공부를 왜 해야 되는지 모르겠다며 공부의 의미를 찾지 못하는 학생의 대다수는 꿈이 없다고 말한다. 그나마 꿈을 말하는 학생들은 의사나 변호사, 교사 등 부모가 선호하는 직업을 말하거나 가수, 탤런트, 영화배우, 축구선수, 야구선수 등 소위 '스타'를 꿈꾼다. 어떤 학생들은 자신의 진로를 교사나 부모가 정해 주기를 막연하게 바라기도 하고, 꿈을 어렴풋이 가지고 있어도 실천할 의지나 계획 없이 하루하루를 보내는 아이들도 많다.

이는 꿈에 대한 구체적인 인식이 부족하고 경험의 폭도 좁은 탓이다. 이때 자녀들을 꿈에 대해 고민하게 만들고 어떤 생각과 경험을 하도록 이끌어 주느냐는 무엇보다 중요한 일이다.

🦅 대학이 인생의 최종 목표일까?

EBS 다큐프라임 "진로교육, 나는 꿈꾸고 싶다"에서는 수능이 끝난 직후 고3 학생들의 이야기가 나왔다. 희망에 들뜬 고3 학생들에게 앞으로 어떤 인생을 살고 싶은지, 전공은 어떻게 결정할 것인지를 제작진이 물어보았다.

"일단 대학 가서 생각할래요."

"전공이요? 점수 맞춰 가야죠."

학생들 중 약 43%가 고3에 이르러서야 전공을 결정했다. 진로를 아직 결정하지 못한 아이들은 그냥 성적에 맞춰서 진학하겠다고 대답한다.

예나 지금이나 학생들은 성적 올리기만을 재촉받는다. 인생을 어떻게 살고 싶은지, 어떤 가치를 추구하면서 인생을 만들어 갈 것인지에는 누구도 관심을 기울이지 않으며, 생각할 여유도 주지 않는다. 아이들은 12년 동안 점수 올리는 기계처럼 교육받아 왔으며, 그 결과 대학 입시 원서 앞에서도 자신이 원하는 미래에 대한 설계는 전혀 없이, 수능 등급에 따라 전공이 결정되는 웃지 못할 코미디가 연출된다.

대학에 들어가는 것이 자녀 인생의 최종 목표인가? 우리의 교육현실은 자녀의 인생이 20년 만에 결판나는 것처럼 학생들을 재촉하고 있다. 그렇게 대학에 진학한 학생들에게는 어떤 미래가 기다리고 있겠는가?

요즘은 대입을 위한 전문 컨설팅 업체도 많다. 비용도 적지 않은 데, 컨설팅 내용은 내신과 수능 등급에 맞춰서 대학과 학과를 골라 주는 정도다. 그렇게 대학에 진학한 학생들은 학과 공부에 흥미도 없고, 열정도 보이지 않으며, 수업 내용에 어려움을 호소한다.

2011년 아르바이트 전문 포털 알바몬이 대학생 559명을 대상으로 전공에 대한 만족도를 조사한 결과, 대학생의 52%가 "기회만 되면 전공을 바꾸고 싶다"라고 응답했다. 취업 포털 커리어가 대학생 691명을 대상으로 설문조사한 결과 63.1%는 "연봉을 많이 준다면 전공이나 적성과 무관한 분야로 취업할 의향이 있다"고 밝혔다. 흥미 없는 전공에 힘들어하면서도, 돈을 많이 버는 길이라면 어디든지 가겠다는 것이다.

많은 대학생이 적성을 고려하지 않고 선택한 전공 때문에 전과와 편입, 반수를 고민한다. 12년의 교육 기간 동안 자신의 꿈보다는 대학 합격이라는 목표를 향해 달려왔기에 마주하게 되는 불편한 현실이다. 대학 간판을 최우선의 가치로 삼아 온 대학생들은 취업할 때도 자신의 꿈이나 흥미, 적성보다는 연봉, 회사 간판 등을 최우선의 기준으로 삼는다.

꿈 부재, 목적 부재, 의미 부재로 인해서 가장 괴로운 사람은 다름 아닌 본인 자신이다. 부모가 정해 주는 학원을 다녔고, 부모와 교사가 추천해 주는 취업하기 쉬운 학과에 입학한 대학생들, 그래서 미래에 대한 인생 설계를 스스로 해 볼 엄두를 내지 못하는 대학생들은 자신이 원하는 인생이 어떤 것인지 생각하는 능력을 거세당한 느낌이다. 그렇게 세월을 보내다가 '묻지 마 취업' 대열에 동참하는 삶을 살게 되는 것이다. 자녀들이 자기다운 삶을 찾아가도록 도와주는 것, 자녀가 원하는 꿈을 꾸도록 도와주는 것, 그것은 부모가 베풀 수 있는 가장 의미 있는 도움일 것이다.

자기 꿈은 없고 엄마 꿈만 있는 아이들

한국교총의 온라인 강의 "꿈을 실현하는 드림스킬스"를 수강하면서 자신의 반 아이들에게 강의 내용을 적용하여 흥미로운 결과를 얻은 한 선생님의 사례를 소개한다.

진 선생님은 담임을 맡고 있던 5학년 아이들에게 꿈을 적어 보게 하였고, 여기서 놀라운 사실을 발견했다. 아이들의 꿈 대부분이 부모의 바람이라는 사실이었다. 절반 이상의 학생들이 공무원, 회사원, 교사 등 비교적 안정적인 꿈들을 적었다. 어떻게 해서 그러한 꿈을 꾸게 되었는지 한 명 한 명 물어보니 주로 부모님, 특히 엄마의 영향을 많이 받았다고 했다.

학생들에게 일주일의 시간을 주고 자신이 정말 원하는 꿈을 다시 생각해 보라는 과제를 내주었다. 일주일 후 한 명씩 불러 상담해 본 결과, 놀랍게도 학생들 다수의 꿈이 바뀌어 있었다. 그런데 이번에는 대중매체의 영향 때문인지 연예인이 되고 싶다는 아이들이 가장 많았다.

다시 학생들에게 꿈을 가지게 된 이유를 물어보고, 꿈을 실현한 후 어떻게 사회에 공헌하고 싶은지를 생각해 보도록 유도하였더니, 학생들은 꿈에 대해 나름 진지하게 고민하기 시작했다. 그렇게 여러 관점의 질문을 던지고, 발표를 하고, 꿈을 위한 계획을 세우도록 꾸준히 지도했더니 학년 말이 되어 제작한 학급문집에는 온통 꿈에 대한 이야기들로 가득 찼다고 한다.

아이들은 꿈을 정할 때 주변 사람들의 영향을 많이 받는다. 주변 어른의 말 한마디에 꿈이 시시각각 바뀌기도 한다. 특히 부모의 역할은 그 누구보다 중요하다. 부모가 꾸준한 관심을 가지고 생각해 볼 거리들을 질문해 주기만 해도 아이들은 진지한 눈빛으로 고민한다.

자녀의 꿈조차 사교육에 맡기듯이 다른 누군가에게 위탁할 것이 아니라, 자녀에게 가장 큰 관심과 애정을 가진 부모가 직접 도와주어야 한다.

꿈을 방해하는 요즘 교육

🦋 성적에 초점을 맞추어 정하는 꿈

아이가 어릴 때에는 세상의 모든 것이 신기하여 끊임없이 질문을 해댄다. 어른들은 아이의 질문이 아무리 엉뚱할지라도 격려하면서 답하려고 노력한다. 그러면 아이들은 또 다른 질문을 쏟아낸다. 그런 아이에게 나중에 커서 무엇이 되고 싶으냐고 물으면, 하고 싶은 것도 많고 그 이유도 가지각색으로 답한다.

그랬던 아이들이 학교에 들어가 성적이라는 잣대로 평가받기 시작하면 질문이 없어진다. 시험에만 매달리다 보니 꿈이 무엇이냐는 물음에 "없어요" "몰라요"로 답해 버린다.

아이들은 "시험 점수가 어떻게 나왔니?" "어느 대학에 갈 거야?" "어떤 직업인이 될래?" 등의 질문은 자주 받지만, "왜?" "그래서 어떤 사람이 되고 싶어?" 등의 추가적인 질문으로는 이어지지 않는다. 청소년기에 꿈이 중요하다고 말하면서도 어른들은 아이들이 꿈꿀 수 있게 기다려 주지 않는다. 부모의 마음에는 이미 정답이 있기 때문이다. 부모들은 자녀에게 꿈에 대해서 물어봤다가, 부모가 정해 놓은 답에서 벗어나는 말을 듣게 될까 두려운 것이다.

사실 "네가 원하고 잘하는 일이 무엇인지 생각해 보고, 그것을 하는 것이 좋겠다"라고 말하기란 쉽지 않다. 선생님들 역시 학생들에게 꿈을 찾도록 자극하는 것은 현실적으로 어렵다. 학부모로부터 괜히 학생에게 바람만 넣는 교사라는 원성을 듣게 될 수도 있기 때문이다.

그러다 보니 아이들은 점차 꿈을 잃어버린다. 커서 뭐가 되고 싶으냐는 질문에는 자신의 꿈보다는 엄마가 원하는 직업을 말한다. 게다가 엄마가 원하는 직업을 말해 놓고는 자신감 없는 목소리로 포기한 듯한 표정을 짓는 아이들도 적지 않다. 공부를 못해서 안 될 것 같다는 것이 이유다. 자기 자신에 대해서 공부도 못하고, 얼굴도 별로고, 잘하는 것도 없다고 생각하는 아이들이 의외로 많다.

우리 아이들이 어쩌다 이렇게 자신감을 잃어버렸을까? 인생에서 자신감과 상상력이 최고로 꽃필 나이에 말이다.

관찰해 보면 아이들의 꿈은 거의 성적에 초점이 맞춰져 있다. 성적으로 평가를 받다 보니 학업 성적이 떨어지는 아이들은 자신감이 떨어지고 꿈꾸기 어려워졌다.

공부를 잘해야만, 운동을 잘해야만, 음악이나 무용 등에 뛰어나야만 꿈을 꿀 수 있는 것은 아니다. 뭐라도 잘하면 좋겠지만, 잘하지 못한다고 꿈을 상상하지 못할 이유는 없다. 특히 부모는 자녀의 현재 능력이 인생의 전부일 것이라고 속단해서는 안 된다.

자녀가 행복한 삶을 사는 것이 궁극적인 목표라는 것에 부모들은 동의할 것이다. 그러면서도 꿈조차 현실적이어야 한다고 말하면서 자녀의 꿈꾸기를 포기시키고, 그것이 마치 오래 살아온 사람의 현명한 지혜인 양 자녀에게 얘기하며, 삶의 안락함을 위하여 안정된 직장을 강요하고 있지는 않은가? '대한민국에서는 어쩔 수 없어'라는 생각으로 애써 자신을 합리화시키면서 말이다.

그러다 보니 학생들은 공부를 잘하지 못하면 미래가 암울할 것이라고 생각하며, 무조건적인 성적 올리기에 주력하고, 학업 성적이 잘 나오지 않으면 자신감을 잃어버리고 공부의 의미도 상실해 버린다.

모두가 1등일 수는 없다. 모든 학생이 국어, 영어, 수학에서 뛰어날 수는 없다. 그럼에도 우리나라 교육 시스템은 모든 학생을 명문대학에 입학시킬 것처럼 천편일률적으로 가르치고 있다. 명문대학에 입학할 잠재력을 지닌 학생들을 넉넉히 50% 정도라고 가정해 보자. 우리 교육은 50% 학생들을 위한 입시 위주의 교육을 모든 학생들에게 적용하고 있다. '공부를 잘해야 좋은 대학에 갈 수 있고, 돈도 잘 벌고, 성공할 수 있다'는 식의 편협한 발언을 학생들에게 공공연히 떠벌린다. 점수 올리기에도 시간이 부족하다는 명분으로 학생이 무엇을 좋아하는지, 어떤 사람이 되고 싶은지, 어떤 꿈을 갖고 싶은지 생각할 여유를 주지도 않은 채 입시 위주의 교육을 시키고 있다.

학업 성적이 상대적으로 떨어져서 꿈꿀 용기조차 내지 못하는 학생들을 위한 배려가 절실하다. 학교와 가정에서 학생들이 꿈을 발견하도록 성취동기를 자극하고, 자기가 좋아하고 잘할 수 있는 것을 발견해서 즐겁고 행복한 청소년 시절을 보낼 수 있도록 도와주어야 한다.

🦋 공부를 잘해도 꿈꾸지 못하는 아이들

임 선생님은 성적이 상위권이고, 수업 태도도 우수하여 여러 선생님께 칭찬받는 학생과 상담을 하게 되었다. 학교생활에 모범적인 학생이라 부담 없이 면담했는데, 정작 학생은 성적 때문에 많은 스트레스를 받고 있었다. 성적을 최상위로 향상시키기 위해 열심히 공부하는데 기대만큼 오르지 않는다는 것이었다.

임 선생님은 학생에게 물었다.

"너는 어떤 사람이 되기 위해 공부하고 있니? 공부를 통해 이루고 싶은 너의 꿈이 무엇이니?"

학생에게서 예상하지 못했던 대답이 나왔다.

"저는 특별히 되고 싶은 것도, 하고 싶은 것도 없어요. 제가 공부하는 이유는 공부를 잘하지 않으면 부모님이 혼을 내시고, 훌륭한 사람이 될 수 없다고 말씀하시기 때문이에요."

임 선생님은 그 대답을 듣고 안타까웠다. 모범생이라는 칭찬에 가려서 주의 깊게 살피지 않았는데, 그 학생에게는 꿈이 없었던 것이다. 자신이 진정 원하는 꿈이 없으니 목표가 없고, 목표가 없으니 집중력이 떨어져서 발전이 더딘 것이다.

성적이 좋은 학생들은 주변의 칭찬에 다소 자신감을 가지지만 이들에게도 원하는 꿈을 생각해 볼 기회는 거의 주어지지 않기 때문에 허전함이나 막막함, 불안감이 드는 것은 별반 다르지 않다.

좋은 대학의 장점이 크게 부각되다 보니 치열한 입시 경쟁이 벌어졌다. 학생들이 더 나은 환경과 기회를 얻기 바라는 마음에서 대학을 강조하고 공부의 중요성을 당부했던 것인데, 이것이 지나치다 보니 아이들의 행복, 꿈은 놓치고 있는 것 같다.

자녀가 공부를 잘하든 못하든 상관없이, 부모는 자녀가 원하는 꿈을 스스로 설정하고, 그 꿈을 이루기 위한 계획을 세우고, 일생에 걸쳐 자발적으로 성장해 나가도록 도와주어야 한다. 이러한 꿈 교육은 일정 시기에만 국한되는 활동이 아니라, 인생 전반에 걸쳐 끊임없이 고민하며 이루어 가는 것이다. 스스로 꿈에 대한 고민을 할 수 있게 도우면, 아이는 평생 비전을 좇는 삶을 살게 된다.

자존감이 서야 아이는 성장한다

부모는 자녀가 자신의 가치를 인정하고, 자신을 수용할 수 있도록 도와주어야 한다. 특히 자녀가 학업 성적 때문에 자존감이 낮아지지 않도록 세심한 주의를 기울여야 한다. 공부하는 과정에서의 실수나 실패도 성장하는 계기가 될 수 있기 때문에 "수고했어. 최선을 다했다면 괜찮아. 부족한 부분이 있다면 다음에 좀 더 최선을 다해 보자" "포기하지 말자! 아직 많은 기회가 있어"라고 격려해 주어야 한다.

그런데 많은 부모들이 자녀의 꿈 찾기 활동을 어렵게 생각하고, 이를 대신해 줄 전문가를 찾으려고 한다. 부모 입장에서는 경험이 많은 전문가라면 뭔가 특별한 기술이 있을 것이라 기대할지도 모른다. 하지만 제아무리 뛰어난 전문가일지라도 내 자녀의 꿈을 찾아 주는 데는 한계가 있다.

꿈꾸기 위해서는 먼저 마음을 이해해 주고, 공감해 주고, 지지해 주는 등의 감정적인 유대감이 필요하다. 이러한 감정은 돈으로 살 수 있는 것이 아니다. 전문가가 자녀의 성적에 근거하여 확률적이고 통계적인 전망을 제시할 수는 있겠지만, 단지 그 정도일 뿐이다.

내 아이의 미래를 진심으로 응원하고, 누구보다 가까이에서 지켜보고 잘 보듬어 줄 수 있는 사람이 자녀의 꿈 멘토가 되어야 한다. 따라서 자녀의 꿈 멘토로 가장 적합한 사람은 바로 부모다.

자녀의 꿈 멘토가 될 부모가 꼭 기억해야 할 사실은 자녀의 꿈을 공부를 강제하기 위한 수단으로 전락시키면 안 된다는 것이다. 자녀가 공부에 집중하지 못하는 이유가 명확한 목표, 꿈이 없기 때문이라면, 반대로 꿈이 생기기만 하면 열심히 공부할 것이라고 기대하기 쉽다. 꿈을 정하고 나면 아이에게 꿈을 이루기 위해서는 더 공부해야 한다고 압박을 주는 것이다. 그러면 자녀도 '결국 속셈은 공부였구나'라고 배신감을 느낄 수 있으며, 어렵사리 정한 꿈도 물거품이 되기 쉽다. 꿈이 생기면 대개는 공부에 집중하지만 항상 그렇다고 말할 수는 없다. 결과적으로 공부에 매진한다면 감사한 일이지만, 그렇지 않더라도 바라던 꿈이 생긴 것에 감사할 일이다.

자녀의 꿈 찾기 프로젝트를 시도한다면, 부모는 그러한 활동의 목적을 분명히 정립할 필요가 있다. 혹시라도 자녀의 성적 향상을 위해 자녀에게 꿈을 만들어 주려는 의도라면 부모는 실망하게 될 가능성이 크다. 부모가 공들인 만큼 자녀가 눈에 띄게 변하지 않을 가능성이 크므로 얼마간 시도하다가 이내 포기하게 될 것이기 때문이다.

자녀의 공부는 결과적으로 얻어지는 부산물이나 기대하지 않았던 성과물 정도로 바라보는 마음이 필요하다. 꿈 찾기 활동의 진정한 목적은 자녀가 인생에서 행복을 찾아갈 수 있도록 도와주는 과정이 되어야 한다.

가정에서의 꿈 찾기 활동은 학업에 매몰되어 있는 자녀들에게 자신을 들여다볼 기회를 제공하여 자신이 어떤 사람인지, 무엇을 원하는지, 어떻게 살아야 행복한지를 깨닫는 데 도움을 주는 것을 주요한 목적으로 삼아야 한다. 이를 통해 결과적으로 자녀들은 자존감을 세우고, 목적의식을 가지며, 공부를 해야 하는 의미를 발견하게 될 것이다.

안정적인 직업이
꿈이 되어 버린 아이들

🕊 내 아이, 돈만 잘 벌면 되나요?

어른들이 아이들에게 "꿈이 뭐니?"라는 질문을 던질 때, 그 질문의 의도는 인생에서 어떻게 행복을 추구할 것인지를 묻는 것이 아니라, 미래에 어떤 직업인이 되고 싶은지를 묻고 있을 때가 많다. 결국 어떤 직업을 가져서 어떻게 돈을 벌 계획인지를 물어보는 것인데, 이를 어른들은 "꿈이 뭐니?"라고 고상하게 질문한다.

가정은 직업인 양성소가 아니다. 소중한 자녀를 돈을 벌어 오는 '월급쟁이' 정도로 전락시키는 꿈이 아니라, 자녀의 행복을 위한 꿈을 만드는 공간이 되어야 한다.

입장을 바꿔서 생각해 보자. 가족 중에 누군가가 당신에게 10년 후에 어떻게 돈을 벌어 먹고살 것이냐고 물어보면서 압박한다면 얼마나 숨이 막히겠는가? 자녀들이 느끼는 압박감도 이와 비슷하다.

세상에서 가장 의지하는 부모가 그렇게 질문하면서 압박한다면 스트레스의 강도는 더욱 커질 것이다.

동영상 강의인 "꿈을 실현하는 드림스킬스"를 수강했던 한 선생님이, 자신이 맡고 있는 초등학교 6학년 아이들에게 꿈과 그 이유를 물어 본 결과를 내게 보여 주었다.

번호	성명	희망 직업	하고자 하는 이유
1	김○호	경찰	멋있어 보이니까
2	김○혁	교사	그냥~
3	김○민	교사	직업 생활을 오래할 수 있어서
4	김○중	교사	부모님의 권유
5	남○재	치과의사	돈을 많이 벌 수 있어서
6	류○원	회사원	딱히 하고 싶은 일이 없어서
7	명○민	기술자	기계 만지는 것이 재미있어서
8	박○우	변호사	내가 할 수 없을 것 같지만 부모님이 원하니까
9	박○호	과학자	새로운 것을 발명하는 것에 관심이 많아서
10	신○민	교사	선생님이란 직업이 편하다고 생각하니까
11	심○근	공무원	부모님이 안정적인 직업이라면서 권유해서
12	오○욱	로봇발명가	어릴 때부터 로봇을 가지고 노는 것을 좋아해서
13	이○렬	의사	돈을 많이 벌 수 있으니까 (그런데 내가 할 수 있을까?)
14	이○중	아직 미정	딱히 하고 싶은 일이 없어서
15	이○서	경찰	남자로서 멋지게 보여서
16	이○재	아직 미정	이것저것 하고픈 것은 많으나 딱히 정할 수 없다
17	정○욱	엔지니어	아버지처럼 직장생활하고 싶어서
18	정○혁	파일럿	하늘을 나는 직업이라 멋있어 보이니까
19	주○현	교사	나의 성격에 맞는다고 생각하고 어릴 때부터의 꿈이니까
20	최○	교사	변하지 않는 나의 꿈이니까 (그렇지만 요즘 갈수록 상태가 심각해지는 친구들을 보면 교사라는 직업도 많이 힘들 듯함)
21	홍○찬	회사원	특별한 능력이 없어 그냥 평범하게 살고 싶어서

22	강○연	패션디자이너	옷에 남다른 관심이 있고 어쩐지 대박 날 것 같으니까
23	강○빈	교사	부모님도 나도 어릴 적부터 원했던 거니까
24	곽○원	요리사	그냥 재미있으니까
25	김○서	요리사	요리하면서 다양한 맛을 볼 수 있을 것 같아서
26	김○영	통역사	통역하는 사람들을 보면 멋져 보여서
27	김○연	간호사	남을 돌보는 일을 할 수 있어서
28	김○기	메이크업아티스트	화장하는 것이 재미있을 것 같아서
29	김○원	교사	남을 가르치는 선생님 직업이 좋아서
30	김○혜	유치원 교사	어린아이들과 노는 것이 재미있고 예뻐서
31	신○미	교사	내 실력으로 할 수 없겠지만 나의 꿈이니까
32	이○영	요리사	요리하는 것이 즐거우니까
33	이○은	수학교사	내가 좋아하는 수학을 가르치고 싶어서
34	정○은	간호사	어릴 적부터 내 꿈이고 부모님도 원하니까
35	정○주	경찰공무원	여자경찰! 생각만 해도 멋지니까
36	차○영	초등학교 교사	선생님이 그냥 되고 싶어서 (내 성적으론 어렵겠지만ㅠㅠ)
37	최○영	교사	내가 우리 학교에서 가장 존경하는 선생님처럼 되고 싶어서

　　사회는 다양화되었지만 학생들의 꿈은 여전히 단조롭다. 37명의 학생들을 대상으로 실시했으므로 37개의 다양한 꿈이 나올 것 같지만, 13개의 직종이 나왔다. 그중 교사가 무려 12명이다. 꿈을 선택한 이유로 가장 많이 꼽는 기준은 '직업의 안정성'이다.

　　초등학생들의 꿈이 돈벌이에 지친 어른 세계의 축소판인 듯하다. 취업이 어렵고, 언제 해고될지 모른다는 각박한 현실이 우리 아이들의 꿈조차 회색빛으로 만들어 버린 듯해 안타깝다.

　　부모로부터 "안전하게 돈을 벌 수 있는 공무원이 되어라"라는 말을 지속적으로 듣는다면 자녀의 기분은 어떨까? 그러한 부모의 말은 무한한 가능성의 자녀를 졸지에 돈만 벌면 되는 시시한 사람으로 만들어 버리는 것이다. 이러한 메시지를 지속적으로 보낸다면 자녀의 자존감은 바닥으로 떨어질 수밖에 없다.

안정적이라는 이유로 꿈을 말한다면 가슴이 뛰지 않는 것은 너무도 당연하다. 꿈을 말하면서도 가슴이 뛰지 않는다면 꿈을 향한 열정을 품기가 어렵다. 그런 꿈을 위해서는 한계를 뛰어넘을 만큼 노력하기도 어렵다.

🦋 의미가 담긴 꿈은 아이를 스스로 움직이게 한다

자기소개서에 도청 서기관을 장래 희망으로 써낸 학생이 있었다. 그 이유는 역시 부모님이었다. 공무원은 안정적이고 노후가 보장된다고 부모님이 권했기 때문이다. 학생은 글쓰기를 정말 좋아하지만 딱히 어떤 일을 할 수 있는지 생각해 본 적은 없다고 했다. 이럴 경우에는 글쓰기로 할 수 있는 다양한 직업들을 소개해 주는 것이 필요하다. 소설가, 시인, 수필가, 드라마 작가, 광고 카피라이터, 방송 작가 등 수많은 직업이 있다는 것을 알려 주어야 한다.

학생들의 장래 희망으로 자주 등장하는 공무원에 대해 생각해 보자. 공무원의 범위는 다양하다. 치안을 유지해 주는 경찰관, 법정에서 판결을 내리는 판사, 학교에서 학생들을 가르치는 교사, 정치인, 외교관 등도 모두 공무원이다. 학생들이 말하는 공무원은 특정 직업이 아니라 '안정성'의 또 다른 이름은 아닐까? 공무원이라는 직업이 나쁜 것은 아니지만, 안정된다는 이유로 무슨 일을 하든 상관없다고 말하는 꿈은 뭔가 이상해 보인다.

자녀들이 공무원이라는 꿈을 말하더라도, 공무원으로서의 사명감, 희생정신, 헌신하는 마음 때문에 공무원을 꿈으로 추구하도록 이끌어야 한다. 동일한 꿈을 말하더라도 의미가 전혀 다르므로, 꿈을 추구하는 열정의 차원도 달라질 수 있다.

부모가 자녀에게 어떤 직업을 꿈으로 추천하고 싶다면, 조금 과장해서라도 거창한 의미들을 부여해 보자. 만일 공무원이라는 꿈을 권유한다면 나라와 민족의 발전에 공헌할 수 있고, 시민들을 보호할 수 있고, 사회의 성장을 위해 새로운 가치들을 창출할 수 있다는 등의 대단한 의미들을 일깨워 주는 것이 필요하다.

그러한 의미들을 알려 준다면, 다음과 같은 메시지를 자녀에게 지속적으로 전달하는 셈이다. '너는 이런 멋진 일을 해낼 만한 대단한 잠재력이 있는 사람이야. 공무원이 된다면 너는 충분히 이 큰 가치들을 이룰 거야. 너의 가능성을 믿는다.' 부모로부터 인정받은 아이들은 가슴이 부풀어오를 것이다.

그러므로 같은 직업을 말하더라도 안전하게 돈을 벌 수 있으니까, 라는 시시한 이유는 그만해야 한다. 그러한 말들은 우리 아이의 가치를 저하시키는 표현임을 기억하자.

꿈을 대하는 아이들의
6가지 유형들

🕊️ 사춘기 자녀 앞에서
평정심을 갖기 어려운 부모들

"저는 축구선수가 꿈인데, 부모님은 판사나 검사를 하라고 하세요."

"저의 꿈은 의사입니다. 그런데 제가 공부를 못하는 편이어서 친구들이 놀릴까 봐 이야기하기 어려워요."

"저는 배드민턴 선수가 되고 싶은데, 어렸을 때부터 시작하지 않았기 때문에 선수가 되긴 힘들대요. 그래서 지금은 꿈이 없어요."

꿈에 대한 아이들의 반응은 각양각색이다. 여러 학생들을 접하면서 다양한 반응을 보고 적절한 대응 방안을 고민하면 좋겠지만 부모가 그러한 경험을 쌓기는 쉽지 않다. 더욱이 부모는 자녀를 주관적인 관점으로 바라보며, 자녀와 감정을 담아 대화하기 때문에 평정심을 유지하기 어렵다. 오랜 경험을 가진 유능한 교사일지라도 학생

상담과 달리 자신의 자녀와 꿈을 주제로 대화를 나누는 것은 쉽지 않은 일이다.

꿈에 관해 대화하는 도중에 자녀가 예상치 못한 반응을 보인다면 당황스러울 수도 있다. 자녀들의 반응에 즉흥적으로 대응하다 보면 감정적이 되기 쉬우며, 원했던 목적을 달성하기는커녕 차라리 안 하는 것이 더 나았을 결과를 초래할 수도 있다.

🦅 아이들의 반응에 대한 대응법 6

여기에서는 꿈에 대한 아이들의 다양한 반응들을 소개하고 이러한 상황에서 부모가 활용할 수 있는 효과적인 대응법들을 소개한다. "네 꿈은 무엇이니?"라고 물었을 때 자녀들이 보이는 반응은 다음의 여섯 가지 정도이다.

(1) "저는 꿈이 없어요"

상당수의 자녀들이 이렇게 대답할 것이다. 자녀가 이렇게 답하는 이유는 여러 가지다. 자신의 흥미, 적성, 소질 등에 대해 파악이 잘 안 되었거나 혹은 자신감이 부족하거나, 진로 정보가 부족한 경우다.

자녀가 꿈이 없다고 말해도 이를 심각하게 받아들일 필요는 없다. 많은 아이들이 별 생각없이 내뱉는 답변이기 때문이다. 시간을 두고 부모가 충분히 도와주면 아이는 변하게 되어 있다. 그것을 도와주기 위해서 부모가 이렇게 책까지 읽으면서 대화를 시도하는 것이기 때문에, 꿈이 없다고 말하는 상황까지 염두에 두고 접근한다면 한결 편안할 것이다. 그럴 땐 이렇게 말해 주면 좋다.

"꿈에 정답이 있는 것은 아니란다. 이제부터 아빠(혹은 엄마)랑 큰 꿈, 작은 꿈들을 하나하나씩 만들어 보면 어떨까?"

(2) "저의 흥미나 적성이 무엇인지 모르겠어요"

자신에게 어떤 재능이 있는지, 무엇을 원하는지 모르는 경우다. 적성이나 흥미는 시시각각 변할 수 있다. 이 책의 4장에서 소개되는 방법으로 자녀의 소질과 적성에 대해 대략적인 힌트를 얻을 수 있다. 자녀가 이런 고민을 하면 부모는 다음과 같이 말해 자녀를 안심시키도록 하자.

"자신의 흥미와 소질, 적성을 파악하는 것은 쉬운 일이 아니란다. 하지만 다양한 방법을 통해 힌트를 얻을 수 있을 거야. 함께 천천히 알아가 보도록 하자."

(3) "전 능력이 없어요"

부모의 입장에서 답답함을 느끼는 경우다. 꿈을 가지려면 스스로에 대한 자신감, 자존감을 회복해야 한다.

자녀의 자존감을 높이는 방법에 대해서는 이 책의 2장에서 소개하고 있다. 답답한 마음에 "왜 그렇게 생각하느냐"며 훈계나 잔소리를 하기보다는, 자녀의 심정에 공감하고 이해해 줘야 한다. 부모의 마음을 진솔하게 전달하고 자녀의 답답한 심정을 위로해 주어야 한다. 만일 자녀가 부모에게 섭섭한 마음을 품고 있거나 혹시 부모에게 말하지 못했던 다른 스트레스가 없는지도 대화를 통해 유심히 관찰하면서 소통의 기회로 삼아야 한다. 자녀에게는 이렇게 말해 줄 수 있을 것이다.

"능력이 부족하다고 생각하는구나. 사실 아빠도 어렸을 때 그렇게 생각했단다. 하지만 어느 순간 극복이 되더구나. 처음부터 잘하는 사람은 없어. 꾸준히 연습하다 보니 나도 할 수 있다는 생각이 들게 되고 마음이 한결 편안해졌단다. 이제는 네가 어떤 분야에서 재능이 있는지 함께 찾아가 보도록 하자."

(4) "이것도 하고 싶고, 저것도 하고 싶어요"

관심사나 흥미, 특기가 다양한 경우에는 아이가 어느 것을 선택할지 결정하기 어려울 수 있다. 자신의 선택이 과연 옳은지에 대한 의문과 하나의 길을 선택하는 것 자체가 망설여진다. 자녀는 판단력이 아직 성숙하지 않으며, 파악하고 있는 정보도 제한적이므로 이러한 고충은 어쩌면 당연한 것이다.

이러한 자녀에게는 먼저 칭찬을 해 주어야 한다. 관심사가 다양하다는 것은 자신감을 가지고 있다는 방증이기 때문이다. 그것이 얼마나 객관적이냐, 성과가 나오느냐는 중요하지 않다. 우선 자신의 능력에 대해서 긍정적으로 인식하고 있기 때문에, 꿈을 만드는 작업은 그만큼 수월할 수 있으며 그 과정도 즐거울 수 있다. 꿈은 얼마든지 변할 수 있기 때문에 자녀가 어떤 내용을 말하더라도 부모는 부정 보다는 칭찬을 해 줘야 한다.

(5) "디자이너가 되고 싶은데 어떻게 해야 할지 막막해요"

자신이 원하는 진로가 분명하게 있으나 이에 대한 구체적인 정보가 부족한 경우다. 이 경우에도 역시 칭찬해 주어야 옳다. 꿈을 말하는 자체로 충분히 칭찬받아야 한다. 직업에 대한 정보를 얻는 방법들에 대해서는 4장 및 7장에서 소개하고 있으니 활용해서 자녀를 도와줄 수 있을 것이다.

자녀의 꿈은 언제라도 바뀔 수 있으며, 또한 언제든 바뀌어도 괜찮다는 점을 자녀에게 이해시키는 것이 좋다. 다음과 같이 격려하면서 생각의 폭을 넓혀 주자.

"디자이너가 되고 싶다면 차근차근 길을 찾아갈 수 있을 거야. 또 혹시 너에게 더 어울리고 더 매력적인 꿈은 없는지 아빠와 함께 알아가 보는 것도 괜찮겠지?"

(6) "전 연예인이 되고 싶은데, 엄마는 왜 교사가 되라고 그래요?"

꿈에 대해 자녀와 부모가 서로 다른 의견을 갖는 경우다. 이러한 상황에 처하면 자녀는 부모에게 꿈을 인정받지 못해 상처를 입었을 가능성이 크다. 자녀가 느낄 거절감이 가장 큰 문제라고 말할 수 있다. 선택의 결과가 어느 쪽이 나을지 누구도 장담할 수 없다. 하지만 이러한 갈등이 지속되는 것은 서로의 감정을 상하게 만들고, 열심히 하려는 의욕을 꺾으며, 장기적으로 부모와 자녀 사이를 멀어지게 만든다는 점에서 바람직하지 않다.

부모 입장에서 자녀의 꿈을 반대하는 것에는 여러 이유가 있을 수 있다. 재능이 부족한데도 무턱대고 덤비거나, 공부가 힘들다고 회피하려는 시도로 보일 때다. 혹은 자녀가 공부를 열심히 해서 안정적이며 존경받는 직업을 갖기를 바라기 때문일 수도 있다. 자녀의 꿈을 존중하든 반대하든, 어떠한 선택을 할지라도 그것이 자녀의 행복을 위한 결정이어야 한다.

대학생 중에는 어린 시절에 부모의 강압적인 반대로 꿈이 꺾였다고 고백하는 학생들이 적지 않다. 철없는 핑계 같지만, 더 이상 꿈을 가질 수 없게 되었다고 부모를 원망하면서 세월을 허송하기도 한다. 꿈이 강압적으로 꺾여 버린 상처로 인해 자신의 삶을 방치하고 이로써 부모에게 수동적인 반항을 하는 셈이다. 부모는 정작 자녀의 이러한 마음을 알고나 있을까?

자녀의 꿈에 반대하더라도 일방적인 강요나 지시여서는 곤란하다. 어떠한 경우에도 부모는 마음을 열고 자녀와 꿈에 대해서 지속적으로 대화해야 한다. 의견이 다를지라도 자녀의 꿈을 꺾기 위한 강압은 자제해야 한다. 최악의 경우 자녀는 자존감을 잃고 의욕 없이 세월을 흘려 보내는 어리석음에 빠질 수도 있다. 다른 길을 찾더라도 본인의 의지로 꿈을 바꾸게 해야 한다. 그래야 후회가 남지 않고 최선을 다할 수 있다.

자녀에게 꿈을 선택할
기회를 넘겨주라

엄마가 강요할수록 아이는 더 도망치고 싶다

2012년 한국직업능력개발원이 발표한 설문조사에 따르면, 부모와 자녀의 희망 직업의 일치 정도가 22%라고 한다. 자녀는 흥미에 따라 직업을 희망하고, 부모는 수입이 안정적인 직업을 선호하는 쪽이다.

학부모 상담을 해 보면 자녀에게 장래 희망을 강요하거나, 어떤 직업에 대해 편견을 가지고 부정적으로 접근하는 경우가 많다. "미용사는 안 돼" "요리사는 안 돼" 등의 부정적인 말은 가급적 줄이고 자녀의 의견을 존중해 주는 자세가 필요하다.

정 선생님이 5학년 담임을 맡았을 때 경은이라는 여학생이 있었다. 예의 바르고, 남을 배려할 줄 아는 성실한 학생이었다. 그러나 상담을 통해 경은이의 속마음을 알게 된 정 선생님은 깜짝 놀랐다.

경은이는 사춘기여서 그런지 모든 것들이 못마땅한 상태였다. 엄마도 싫고 친구들도 싫고 공부도 싫다고 했다.

한 살 위인 오빠가 있는데, 엄마의 기대에 부응하지 못하자 이젠 엄마가 자신을 들들 볶는다고 했다. 엄마에 대한 반감이 얼마나 컸던지 엄마 이야기를 할 땐 목소리가 저절로 높아졌다. 자기는 플루트를 전공해서 플루티스트가 되고 싶은데, 엄마는 의대에 가야 한다고 하며 여름방학에 특강 수업을 3개나 신청했다고 했다. 경은이는 엄마의 기대를 좌절시키려면 공부에서 손을 떼는 편이 나을 것 같다고도 말했다.

정 선생님이 물었다.

"어머니는 왜 널 의대에 보내고 싶어 하는 것 같아?"

"엄마는 사촌들이 의대에 진학하는 걸 보고 부러워서 그런 것 같아요. 엄마가 의대를 강요하면서 이 학원 저 학원으로 매일 가게 하니깐, 화가 나서 플루트 할 거라고 말하게 되고, 그럴수록 플루트가 좋아지는 것 같아요."

정 선생님의 생각에 경은이는 의대는 물론이고, 어떤 일도 할 수 있는 가능성이 충분한 아이였다. 하지만 경은이는 이제 5학년인데 벌써 지쳐 있었고, 주위 사람들에게 으르렁거리며 공격적인 아이가 되어 있었다. 경은이 같은 아이들은 여유를 갖고 시간을 주어도 흐트러질 아이가 아님에도 어른들은 기다려 주지 못하는 것이다.

자녀의 성적이 우수하여 특목고에 진학하든, 의대에 진학하든 자녀 스스로의 의지로 결정하도록 해야 한다. 부모가 원하는 꿈을 자녀에게 일방적으로 주입했을 경우에는 자녀의 적극적인 도전이나 노력을 기대하기 어렵다.

자녀를 소극적이고 수동적인 사람으로 키우고 싶은 부모는 한 사람도 없을 것이다. 자녀를 능동적이고 적극적인 인재로 키우고 싶다면, 자녀와 충분한 설득과 대화를 나눈 뒤 자녀에게 꿈을 선택할 기회를 넘겨주어야 한다.

🕊️ 생각의 폭을 넓히면 꿈의 크기도 커진다

부모는 자녀의 흥미를 중심으로 다양한 가능성을 열어 줄 필요가 있다. 어린 자녀일수록 진로를 특정하기보다는 생각을 확장하도록 도와주어야 한다.

아이가 택시기사가 되고 싶다고 말하면 운전이 재미있어 보이거나 자동차가 신기해서 말했을 가능성이 높다. 부모는 자동차 분야의 엔지니어, 과학자, 디자이너, 마케터, 자동차 딜러, 카레이서 등의 여러 직업을 소개하고, 이러한 직업에 대해서 대화를 나누면서 아이가 생각의 폭을 넓힐 수 있는 기회를 주어야 한다.

초등학생에게는 꿈을 크게 가져야 한다고 종용하기 쉬운데, "좋은 직업도 많은데 하필 그 직업이냐"라는 식으로 아이의 꿈을 타박하기 쉽다. 부모가 꿈을 평가하기 시작하면 자녀는 자신감을 잃고 어른들이 만족할 만한 직업에 대해서만 생각을 국한하게 될 수도 있다. 자녀가 무엇을 말하든 일단 받아 주어야 한다.

단, 직업에 대한 시야가 좁은 아이들을 위해 해당 재능에 관한 다양한 일과 직업군을 알려 주거나, 부모가 원하는 일에 있어서도 충분한 설명을 하여 이해시켜야 한다. 그런 후에 아이는 자신이 무엇을 좋아하는지, 무엇에 관심이 있는지를 찾아서, 스스로 꿈을 선택해 나가도록 돕는 것이 자녀의 꿈 만들기의 기본적인 출발이다.

자녀의 꿈은
언제든 바뀔 수 있다

🐦 아버지의 손수레에서부터 키운 꿈

나는 부산에서 태어났으며 고등학교를 졸업하면서 부산을 떠났으나, 지금은 다시 돌아와서 부산에서 살고 있다. 나는 종종 모교 고등학교를 찾아가곤 하는데, 고2 때의 담임선생님께 안부 인사를 드리기 위해서다.

어느 날 선생님께서 고교 시절 내 생활기록부를 보여 주신 적이 있는데, 놀랍게도 희망 사항에 '대학 교수'라고 적혀 있었다. 그리고 나는 그때 써냈던 꿈처럼 지금 대학 교수가 되어 있다.

당시의 솔직한 심정을 회상해 보면 나는 대학 교수라는 꿈을 쓰면서도 자신이 없었다. 내가 정말 대학 교수가 될 수 있을 거라고는 전혀 상상하지 못했다.

부산의 남포동에는 자갈치시장이라는 유명한 재래시장이 있다. 나의 아버지는 자갈치시장에서 장사를 하셨다. 나는 장사꾼의 아들로 태어나 장사꾼의 아들로 자랐다. 아버지는 손수레에 물건들을 늘어놓고 파셨는데, 아버지의 손수레를 따라다니는 것이 어린 시절 나의 주요한 하루 일과였다. 내가 열 살쯤 되었을 때 드디어 아버지는 가게를 장만하셨다. 가게를 통해 들어가면 살림집이 있었고, 창고 방이 나의 공부방이었다.

어린 시절 TV 뉴스나 드라마를 통해 볼 수 있었던 대학 교수는 학식이 풍부하고, 교양과 품위가 넘쳐 보였다. 무엇보다 드라마에 나오는 대학 교수의 집은 한결같이 부유해 보였다. 이 모든 것이 어린 내 눈에는 부러움의 대상이었다 .

그 꿈이 무슨 마법이라도 부린 것일까? 꿈을 적었다는 행위 때문에 꿈이 이루어졌다고 말할 수는 없다. 다만 대학 교수라는 꿈은 학창 시절 열심히 공부하도록 나를 이끌어 주었다. 선생님과 부모님께 인정받고 싶어서 공부를 열심히 하기도 했지만, 꿈을 이루고 싶은 바람으로 나는 더 최선을 다할 수 있었다. 꿈에 대한 목적과 의미가 분명했기 때문에 나는 그 꿈을 위해서 노력해야 한다는 것을 이해했고, 따라서 공부하는 것에 대한 불평이나 원망을 품지 않을 수 있었다.

내가 대학에 다니던 시절만 해도 대학생들에게는 대학 생활을 누릴 마음의 여유가 있었다. 하지만 대학 교수라는 꿈을 품었던 나는 한가롭게 시간을 보낼 수가 없었다. 대학에서 나는 오히려 고등학교

때보다 더 열심히 밤을 새워 가면서 공부했다. 목적이 분명했기에 공부를 대충할 수가 없었다.

대학을 졸업하고 친구들은 거의 취직했지만, 나는 대학원에 진학해서 석사, 박사학위를 취득하느라 약 9년을 더 공부했다. 이후에 삼성전자에 과장으로 입사해서 근무하다가 2008년에 드디어 대학 교수가 되었다. 연봉으로 따지면 삼성전자에 근무하는 편이 훨씬 이득이었지만, 고등학교 시절부터 바라던 꿈이 이뤄지는 순간, 나에게 돈은 중요한 가치 기준이 되지 못했다. 이처럼 인생의 과정에서 꿈은 나를 지속적으로 이끄는 힘이 되었다.

꿈이 있기에 더 열심히 살 수 있다면, 꿈은 그 자체로 충분히 의미가 있다. 결과는 세월이 흘러 나중에 확인해 보면 될 일이다. 꿈을 이루지 못했어도 그 꿈 덕분에 더 열심히 살았다면 꿈은 충분히 제 역할을 해낸 것이다.

🕊️ 모든 가능성을 열고 여유 있게 대화하라

긴즈버그(Ginzberg)의 발달이론에 따르면, 꿈을 설계하는 시기를 자녀의 연령에 따라 환상기, 잠정기, 현실기로 구분할 수 있다.

초등학생 시기는 환상기로서 현실적인 여건이나 능력을 고려하지 않고 꿈을 말하는 시기이다. 연예인을 보면 연예인이 되고 싶고, 드라마에서 어떤 직업이 멋있어 보이면 그 직업인이 되고 싶어 하듯,

그때마다 달리 반응하는 것이 이 시기의 특징이다.

그 이후 잠정기는 자녀의 사춘기 시절에 해당하는데, 이때는 현실적인 요인을 적당히 고려하여 꿈을 말한다. 현실기는 사춘기 이후의 시기로 현실적인 요인과 개인적인 요인이 타협을 이루는 단계다. 이 시기의 자녀들은 꿈에 있어서 현실적인 상황들이나, 자신의 능력, 흥미, 가치관 등을 고려할 수 있다.

초등학생 정민이는 "각시탈"이라는 드라마에서 멋진 모습으로 그려진 일본 순사를 보고 일본 순사 이강토가 되는 것을 꿈으로 삼았다. 줄곧 '이강토'를 외치고 다니던 정민이는 TV에서 "진짜 사나이"라는 예능 프로그램을 보더니 그날부터는 군인이 되고 싶다며, 복도에서 유격 훈련을 흉내 내고, 담임선생님을 '대장님'이라 불렀다. 한동안 군인 놀이에 빠져 있던 정민이가 어느 날 현장체험학습에서 대통령을 경호하는 사람들을 보더니 갑자기 '대통령 경호실장'이 되고 싶다고 말했다.

정민이가 선생님에게 대통령 경호실장이 되려면 어떻게 해야 하냐고 진지한 얼굴로 묻자, 선생님은 대통령을 보호하기 위해서는 강인한 체력과 정신력이 필요하며, 신속하고 정확한 상황 판단과 경호원들을 이끄는 통솔력이 필요하므로, 책도 많이 읽고 공부도 열심히 해서 기본적인 실력을 갖추어야 한다고 알려 주었다.

자녀의 꿈은 언제든지 바뀔 수 있다. 자신이 원하는 꿈을 찾았다면 자녀는 그 꿈을 향해 노력하게 된다. 꿈이 있는 아이는 꿈이 없는 아이들보다 마음의 힘이 강하기 때문에 유혹에도 쉽게 빠지지 않는다. 꿈이 바뀌게 될지라도 꿈을 향해 노력하는 방법과 과정에서의 즐거움을 알기 때문에 당황하지 않는다.

　자녀와 꿈에 관해 대화할 때 가장 중요한 것은 모든 가능성을 열어 놓아야 한다는 점이다. 자녀가 어떠한 이야기를 하더라도 부모는 여유를 가지고 접근해야 하며, 자녀의 꿈이 바뀔 수 있다는 점을 늘 염두에 두어야 한다. 부모의 틀 속에 제한하지 말고, 자녀가 마음껏 상상의 나래를 펼칠 수 있도록 지켜봐야 한다.

가랑비에 옷이 젖듯
꿈에 젖을 수 있다

꿈은 사소한 계기에서 싹튼다

　경영학과 4학년에 재학 중인 성호의 꿈은 '언젠가 자신의 음식점을 경영하는 것'이다. 성호는 어려서부터 요리사가 되고 싶었다. 그래서 요리 전문 고등학교에 진학하길 희망했으나, 부모님의 강한 반대에 부딪혀 뜻을 이루지 못하고 인문계 고등학교에 진학했다. 대학에 진학할 때는 '호텔조리학과'를 희망했지만, 역시 부모님이 반대하여 '취업에 유리하다'라는 이유로 경영학과에 입학했고 이제 졸업을 앞두게 되었다.

　경영학과에 다니면서도 성호는 꿈을 포기하지 않았다. 요리사 자격증을 취득하고, 주방 아르바이트로 경험을 쌓으며 꿈을 향한 준비를 이어왔다. 안타깝게도 부모님은 선택의 순간마다 성호의 뜻을 번번이 가로막아 왔다. 사춘기 시절에는 원망도 했지만, 이제는 자신을 위한 판단이었을 것이라고 이해하는 편이다.

부모의 반대에도 불구하고 꿈을 이루기 위해 이토록 노력하기는 쉽지 않은 일이다. 그래서 성호를 격려해 주었다.

"성호야, 내가 보기에는 이 과정도 의미가 있어. '경영학을 이해하는 요리사'는 그리 흔하지 않을 거야. 훗날 회고해 본다면 멋진 경력일지도 몰라."

성호는 어떤 계기로 꿈을 가지게 되었을까? 이 정도로 갈망할 꿈이라면 뭔가 신비로운 체험이나 가슴 찡한 감동을 경험하지는 않았을까? 그러나 성호가 꿈을 정하게 된 계기는 의외로 단순했다. 자신이 만든 요리를 가족들이 맛보고 즐거워하는 모습 때문이었다.

어려서부터 일관되게 꿈을 가져 온 여러 학생들을 대상으로 꿈을 가지게 된 계기를 조사해 보았다. 신비로운 체험을 했다거나 결정적인 경험을 했다는 학생은 없었다. 그들이 꿈을 꾸게 된 계기는 사소한 것들이었다. 이를 테면 교사나 부모, 지인들의 칭찬 한마디나, 방송이나 영화, 혹은 인터뷰에서 영감을 얻기도 했으며, 책이나 노래 가사에서 비롯되기도 했고, 기억조차 못하는 학생들도 있었다.

인생의 방향을 결정할 중대한 꿈이 이토록 사소한 계기에서 비롯된다는 점은 곱씹어 볼 필요가 있다. 이는 부모에게 분명 희소식이다. 자녀가 꿈꿀 수 있는 계기를 부모가 마련해 줄 수 있으며, 질문과 대화를 통해 생각을 열도록 도울 수 있기 때문이다. 자녀의 꿈을 위해 보다 체계적으로 접근할 수 있다는 뜻이다.

🕊 자녀의 꿈, 시간을 들인 만큼 견고해진다

단번에 해결하는 것이 항상 좋은 것은 아니다. 쉽게 얻은 성과는 쉽사리 사라지기도 한다. 반면 오랜 기간 노력을 들여야 얻어지는 성취도 있다. 건강관리, 영어 실력, 운동 능력 등이 그렇다. 자녀교육도 마찬가지다. 가랑비에 옷이 젖듯이, 틈날 때마다 자녀들이 꿈을 생각하게 만들어야 한다.

어떤 부모는 조급한 마음에 단번에 통하는 만병통치약을 기대한다. 그런 사람들일수록 프로젝트를 진행하는 도중에 '내가 이런다고 소용이 있을까?' '괜히 헛수고하는 것 아닌가?' 등의 회의감에 빠진다. 뭔가 나아지려고 노력하면 어김없이 찾아오는 상념들이다. 꾸준히 노력하다 보면 언젠가는 변화가 나타날 것이다. 한방에 통하는 만병통치약을 기대하지 말자. 부모의 의욕이 지나칠수록 실패할 가능성이 오히려 높다.

고2, 중2, 초6의 세 자녀를 키우는 한 어머니는 어느 날 자녀들과 꿈 찾기 활동을 진행해 보기로 마음먹었다. "꿈을 실현하는 드림스킬스"의 내용을 적용할 마음으로 밤을 새워 가며 자료를 준비했다. 주말에 아이들을 앉혀 놓고 꿈 찾기 프로젝트에 돌입했다.

일주일에 한 시간씩 6주 정도 활동을 진행했는데 이후로 더 이상 진행하지 못했다. 중간고사도 있었고, 갑작스레 많은 것들을 요구했던 탓인지 아이들도 부담스러워했다.

그 어머니는 말한다. "내 아이라서 기대가 크고 그에 미치지 못하면 실망도 커요. 그게 가장 힘들었어요. 아이의 꿈을 받아 주다가도 내가 자꾸 고치려 하고 이끌어 주려고 하니 서로 힘든 점이 생기네요. 아이들도 나중엔 투덜거리고, 저도 아이들이 못 따라온다는 핑계로 그만두게 되었어요."

초·중·고등학교 다양한 연령대의 자녀들과 한꺼번에 꿈 찾기를 진행했던 것은 무리였다고 생각한 어머니는 이번에는 개별적으로 접근하기로 마음먹었다. 지난번에 실패했던 경험이 있으므로 거창하게 꿈 찾기라는 타이틀은 내세우지 않았다. 책상에 앉혀 놓고 가르치기보다는 편안한 시간에 가벼운 마음으로 자녀의 꿈, 진로에 관해 대화를 나누는 것으로 방향을 바꿨다. 가랑비에 옷이 젖듯 슬금슬금 다가가는 전략이었기에 자녀들은 거부하지 않았다.

가랑비 전략을 통해 가장 도드라진 성과를 만들어 낸 아이는 중2 딸이었다. 둘째 아이는 '경찰이 되어 시민들을 보호하는 것'을 꿈으로 정했고, 향후 5년간의 계획을 세웠다. 딸은 일반계 고등학교에 진학하기로 하고 태권도를 시작했다. 고등학교 입학 전까지 태권도 2단을 따기로 했으며, 매일의 공부 분량을 지키지 못하면 태권도는 그만두기로 약속했다. 성적이 좋으면 경찰대학에 지원하고, 그렇지 않으면 경찰행정학과에 진학하여 경찰 공무원 시험에 응시하기로 계획을 세웠다.

셋째 아들은 운동선수가 되고 싶어 했는데 달리기, 태권도 종목에서 학교대표로 출전할 정도로 뛰어났지만, 훈련의 강도가 세지면 도

망가는 습성이 있어 운동선수가 되기에는 부족한 점이 많다고 스스로도 느꼈다. 요즘 셋째아들은 요리사, 프로게이머, 로봇과학자 등을 장래 희망으로 말하고 있다. 하고 싶은 건 많은데 뭘 해야 될지 모르겠다고 한다. 셋째와는 꿈에 관한 책들을 함께 읽고, 인터넷을 검색해 가면서 변화될 미래의 다양한 모습을 상상하고 그에 맞는 꿈을 이끌어 내기 위해 노력 중이다.

부모의 노력이 자녀가 꿈을 꾸고, 꿈을 이룰 수 있도록 준비하게 만드는 동기가 될 수 있다. 자녀의 꿈 찾기 멘토로서 먼 길을 떠날 마음의 준비가 되었기를 바란다. 꿈에 있어서 정답이란 없다. 부모가 바라는 정답들을 내려놓고 백지에서 시작해야 한다. 자녀들이 어떤 반응을 보이더라도 여유롭게 대처해야 자녀들을 효과적으로 도울 수 있다.

2장.
꿈꾸기 위한 용기,
부모가 키워 준다

꿈꾸기 위해서는
용기가 필요하다

🕊️ 내가 할 수 있을까요?

'내가 과연 이룰 수 있을까?'

'친구들이 비웃지 않을까?'

자녀들이 꿈꾸기 위해서는 용기가 절대적으로 필요하다. 꿈을 꾸는 과정에서 이러한 두려운 감정을 만나게 되기 때문이다. 지식이 아무리 많아도 용기가 없으면 꿈꿀 수 없다. 꿈을 만들기 위해서는 지식을 채울 것이 아니라 용기를 채워야 한다. 꿈꾸는 과정에서 느끼는 두려움의 근원을 똑바로 마주볼 수 있도록 자녀를 이끌어 주고, 공감해 주고, 지지해 주어야 한다.

민 선생님의 반에서 꿈을 발표하는 시간이 있었다. 한 학생이 자신의 꿈을 의사라고 말하자, 아이들이 여기저기서 킥킥거렸다. 그 학생은 초등학교 6학년인데도 기초적인 수학 연산이나 이해력이 부족하여 남아서 공부하고, 친구들의 도움을 받아 수업을 겨우 소화할 정도로 학업 성적이 부진했다. 반 친구들의 반응에 당황한 그 학생은 더는 말을 잇지 못했다. 그리고 그 학생은 다음 발표 때 꿈을 운동선수로 바꾸었다.

민 선생님은 그 학생을 조용히 불렀다.

"너는 지난번에 꿈이 의사라고 했는데 이번에는 운동선수로 바뀌었네?"

그러자 그 학생은 우울한 목소리로 말했다.

"원래는 편찮으신 아버지를 고쳐 주고 싶어서 의사가 되고 싶었는데, 친구들이 비웃는 걸 보니 저는 꿈을 이룰 수 없을 거라는 생각이 들었어요. 그래서 제가 잘하는 축구선수로 바꾸었어요."

민 선생님은 이 학생이 의사라는 꿈을 가지게 된 이유를 듣는 순간 응원해 주고 싶은 마음이 들었다.

"그런 이유라면 너는 충분히 자격 있어. 지금부터 노력하면 꿈을 이룰 수 있단다. 꿈을 비웃었던 친구들의 행동은 잘못된 것이야. 노력하는 사람이라면 누구라도 꿈을 이룰 수 있단다."

그제야 학생은 환히 웃으며 자기는 의사가 되고 싶다고 말했다. 민 선생님은 의사가 되려면 열심히 공부하고 헌신하는 마음을 가져야 한다고 얘기해 주었다. 학생은 친구들이 비웃지 않도록 열심히 공부하겠다고 약속했다.

이후의 학기 말 시험에서 그 학생의 성적은 거짓말처럼 많이 올랐다. 반 아이들은 대단하다며 그 학생을 부러워했다.

민 선생님이 학생의 성적만으로 아이의 미래를 판단했다면 그 학생의 꿈은 어떻게 되었을까? 학생이 꿈을 가지게 된 이유를 듣고 용기를 키워 주는 것은 매우 중요한 일이다.

지금의 모습으로 아이의 10년 후를 가두지 말자

꿈꾸기 위한 가장 기초적인 작업은 자녀들의 용기를 북돋워 주는 일이다. 어떤 위인도 태어나면서부터 위대하지 않았고, 어린 시절에는 평범했던 아이였음을 일깨워 준다면 아이는 '나도 한번 해 보자'라는 마음을 가지는 계기가 될 것이다.

학교에서는 직업인들을 초청해서 직업박람회나 선배와의 만남을 개최한다. 의사, 변호사, 대학 교수, 방송인, 정치인, 외교관, 예술가 등이 와서 좋은 말을 들려주는데, 만약 아이에게 용기가 없다면 '당신들은 잘났으니까 가능하겠지, 나 같은 애는 할 수 없어'라고 생각하기 쉽다.

꿈이 없는 것은 지식이 아니라 용기가 부족해서다. 공부를 잘한다고 꿈을 쉽게 가지는 것이 아니며, 공부를 못한다고 꿈을 가질 수 없는 것도 아니다.

자녀가 현재 공부를 못해도, 운동을 못해도, 리더십 등이 부족해도 꿈을 추구하지 못할 이유는 없다. 자녀의 현재 모습으로 미래를 단정 짓는 것은 섣부른 일이다. 자녀들이 좀 더 멀리 내다볼 수 있는 안목을 가지도록 도와주어야 한다.

자녀의 용기를 북돋워 주기 위해 자녀들이 꿈을 말할 때 부모가 우선 공감해 주고 수용해 주는 자세가 중요하다. 부모가 보기에 먹고살기 힘들어 보이는 꿈일지라도 "그 꿈 참 훌륭하구나" "이루어지면 아주 멋지겠는 걸"이라고 말하면서 일단 공감해 주자.

꿈 찾기 프로젝트 #1

이제 꿈 찾기 프로젝트를 시작할 준비가 되었나요?
편안한 분위기에서 다음의 질문에 대한 답을 작성해 가족들이 돌아가면서 발표해 봅니다.
서로에 대한 이해의 폭을 넓히고 마음을 터놓기 위한 준비 과정이므로 서로에게 용기를 북돋을 수 있는 출발점으로 소통해 보길 바랍니다.

내 이름은?
한글: 한자: 영문:

내 이름의 뜻은?

내 인생의 좌우명은?

내가 가장 좋아하는 과목과 그 이유는?

내가 가장 존경하는 사람과 그 이유는?

아이들도 자기 잘난 맛에
살고 싶다

🕊 다빈치는 허풍쟁이? 자신을 믿었던 노력가!

천재적인 발명가이자 예술가인 레오나르도 다빈치(1452~1519)는 1465년 이탈리아 피렌체에서 미술가 안드레아 델 베로키오의 견습생으로 입문하여 재능을 인정받고 미술가로서 명성을 쌓았다. 1481년에 스승 베로키오가 용병대장 콜레오니의 조각상을 만드는 일로 베네치아로 떠나자, 레오나르도 다빈치는 밀라노의 군주 로도비코 스포르차에게 다음과 같은 편지를 보냈다. 편지의 내용은 《다빈치가 그린 생각의 연금술》(신동운 지음)이라는 책에서 확인해 볼 수 있다.

이루 말할 나위 없이 빛나는 존재이신 각하,
용기를 내어 저만의 비밀을 각하께 알려드리려고 합니다. 각하께서 편하신 시간에 언제라도 다음에 기록한 사항들을 직접 보여 드릴 수 있기를 간곡히 부탁합니다.

　1. 물건을 쉽게 운반할 수 있는 매우 가볍고 튼튼한 기구의 제작 계획안을 갖고 있습니다.

　2. 어떤 지역을 포위했을 때 물을 차단할 수 있는 방법과 성곽 공격용 사다리를 비롯하여 헤아릴 수 없을 만큼 많은 여러 가지 도구를 만드는 방법을 알고 있습니다.

　3. 높고 튼튼한 성벽이나 반석 위에 세운 요새라 할지라도 무너뜨릴 방책을 갖고 있습니다.

　4. 대단히 편리하고 운반하기 쉬우며, 작은 돌멩이들을 우박처럼 쏟아 낼 포를 만들 계획안들을 갖고 있습니다.

　5. 해전이 벌어질 경우, 공격과 방어 양쪽 모두에 적당한 여러 가지 배의 엔진을 만들 계획안이 있으며, 위력이 대단한 대포와 탄약과 연기에 견딜 수 있는 전함을 만들 계획안도 갖고 있습니다.

　6. 적에게 들키지 않고 땅 밑이나 강 밑으로 굴이나 비밀 통로를 만들어 통과하는 방법을 알고 있습니다.

　7. 쉽게 공격 받지 않는 안전한 차량을 만들 수 있습니다. 대포를 갖춘 적이 밀집한 곳이라도 이 차량으로 밀고 들어가면 적은 흩어지지 않을 수 없을 겁니다. 그리고 차량 뒤를 따라서 보병 연대가 어떤 피해도 없이 적의 반격을 물리치고 진군할 수 있습니다.

　8. 필요하다면 대포와 박격포, 가벼운 포까지 만들 계획안을 가지고 있습니다. 이것들은 흔히 쓰이는 일반적인 대포들과는 전혀 다르게 멋

있고 세련된 모양을 갖추게 될 것입니다.

9. 대포를 사용할 수 없는 곳이라면 사출기와 덫을 비롯해서 놀라운 효과를 발휘하는 특별한 엔진을 만들어 사용할 수 있습니다.

10. 평화 시에는 공공건물이나 개인용 건물을 건축하는데, 그 누구보다도 각하께 만족을 드릴 수 있다고 믿는 바입니다. 그리고 어느 곳에서든 물길을 만들 수 있습니다.

11. 대리석이나 청동, 진흙으로 조각상을 만들 수 있으며, 그림도 그릴 수 있습니다. 제 작품은 어느 미술가의 작품과 비교해도 뚜렷한 차이를 드러낼 것입니다.

12. 저는 청동 기마상을 만들고 싶습니다. 이 기마상은 각하의 아버님과, 황태자님과 명예롭고 훌륭한 스포르차 가문을 영원토록 추억하게 할 기념물이 될 것입니다.

위에 말씀 드린 사항 중에서 의심이 가거나 실용적이지 않다고 생각하는 내용이 있다면, 각하의 공원이나 각하가 원하시는 어느 장소에서든 제가 직접 시험해 보여드릴 수 있습니다. 이루 말할 수 없는 겸허한 마음으로 각하께 제 자신을 추천하는 바입니다.

다빈치는 자신이 각종 무기들을 개발할 수 있다며 밀라노 군주에게 '제가 잘할 수 있는 열두 가지'라는 편지를 보냈다. 그런데 스포르차는 다빈치를 초빙하면서도 무기 개발의 임무는 맡기지 않고, 성 내부에 화장실 배관과 난방시설을 설치하고 스포르차의 파티 연출

등의 잡무를 맡겼다. 다빈치는 파티를 연출하면서 정교한 의상들, 가면들과 기발한 기계들을 선보여 하객들을 즐겁게 해 주었는데, 그러한 정성으로 스포르차의 신임을 얻었지만 무기 개발의 임무는 끝내 주어지지 않았다.

'제가 잘할 수 있는 열두 가지'를 들여다보면 다빈치에게는 불가능이란 없어 보인다. 어떤 것들은 현대 기술로도 구현하기 어려워 보이는데 다빈치는 허풍쟁이가 아닌가 싶을 정도다.

레오나르도 다빈치가 허풍쟁이인지는 알 수 없지만, 내가 보기에 다빈치는 자신을 대단한 능력자라고 여기는 듯하다. 자아존중감이 높다고 볼 수 있는데 그렇기 때문에 기회만 주어진다면 자신에게는 못할 것이 없다는 식의 편지도 보낼 수 있었을 것이다.

우리는 모두 인정받고 싶어 한다

다빈치 같은 천재는 아니더라도 우리는 모두 자기 잘난 맛에 살고 싶어 한다. 생각해 보면 부모가 자녀교육에 열중하는 이면에는 자녀의 성취를 통해서 부모 자신이 잘난 사람임을 입증하고 싶은 기저심리가 어느 정도는 작용한다. 나를 닮은 내 자녀가 공부를 잘하기를, 운동을 잘하기를, 리더십이 있기를, 인기가 있기를 바라는 것은 그것을 통해서 부모도 잘난 사람임을 인정받고 싶은 마음이 있기 때문이다.

정도가 지나치면 문제겠지만, 사람들로부터 인정받고 싶은 마음은 인간의 기본적인 욕구다. 우리 자녀들 역시 자신이 괜찮은 사람으로 인정받기를 원한다. 아이들은 어떤 분야에서 자신이 조금이라도 잘한다고 생각되면 그 활동이 즐겁고, 잘하고 싶은 마음에 더 노력하면서, 그와 관련한 꿈을 그려 나가기도 한다. 그런데 잘났다는 느낌을 학교나 가정에서 얻어내는 데 실패한다면 자녀는 제도나 규칙을 무의미하게 느끼고, 공부하는 의미를 상실해 버리기도 하며, 부모나 교사와 갈등을 빚기도 한다.

공부하기 싫다고 말하는 학생일지라도 1등 하기를 원한다. 공부를 잘하고 싶지만 공부가 어렵고 기대만큼 성적이 오르지 않으니까 자신에게 실망하고 공부를 원래 싫어하는 아이처럼 행동해 버리는 것이다. 잘생기고, 예쁘고, 능력 있고, 인기 많은 사람이 되기 싫은 사람은 없다. 단지 자신에게 가능해 보이지 않으니까 꿈이 아예 없는 아이처럼 행동하며 그러한 성향을 강화시켜 나가는 것이다.

꿈 찾기의 출발은 자녀에게 용기를 심어 주는 것이어야 한다. 자신이 잘났다고 생각할 조그마한 구실이라도 있어야 꿈을 상상할 최소한의 용기를 가질 수 있다.

용기를 심어 주는 과정에서 아무리 사소한 것이라도 성취를 맛볼 수 있도록 자녀들을 격려해 주어야 한다. 작은 것이라도 칭찬해 주면서 자녀가 자신을 괜찮은 사람이라고 인식할 수 있도록 도와야 한다.

사사건건 지적당하면서 기분이 좋을 사람은 없다. 못하는 부분을 지적하기보다 잘하는 측면을 칭찬하는 쪽으로 이끌어 주면 자녀들도 더 노력하고 싶어질 것이다.

자신이 괜찮은 사람이라는 인식은 가정에서부터 길러져야 한다. 그러한 바탕에서 학교에서 긍정적으로 이끌어 준다면 자존감은 단단해질 것이다. 혹시 외부에서 상처를 입게 된다 해도 가정에서 쌓아 놓은 면역력으로 극복해 낼 수 있다.

🕊️ 칭찬과 기대만큼 자라는 아이들

장 선생님은 5학년 담임을 맡게 되었다. 첫날부터 선생님을 거부하는 듯한 강한 눈빛을 보내는 진찬이를 만났다. 진찬이는 수업 시간에 엎드려 있거나 만화를 그리고, 책을 펼치라고 하면 안 가져 왔다는데 가방을 열어 보면 책이 나오는 식이었다.

진찬이 어머니와의 면담을 통해서 알게 된 사실은, 진찬이는 모든 면에서 뛰어난 여동생과 비교되면서 어려서부터 분노가 쌓여 왔다고 했다. 4학년 때는 친구들에게 폭력을 행사해서 어머니가 학교에 불려 온 적이 있을 정도로 진찬이는 괴팍한 아이로 찍혀 있었다. 장 선생님은 그러한 진찬이에게 조금씩 다가서기 위한 프로젝트를 시작했다.

장 선생님은 먼저 진찬이의 만화 그림 실력을 인정해 주었다. 학년을 마칠 때까지 선생님의 캐릭터를 하나 완성해 달라고도 부탁했다. 진찬이는 처음에는 의아해하다가 기쁜 듯 고개를 끄덕였다. 진찬이가 가장 좋아하는 만화는 〈진격의 거인〉이었는데, 자신이 좋아하는 캐릭터에게 나쁜 말을 하거나 무시하면 광분하는 '오타쿠'였다. 하루 종일 만화책만 끼고 산다고 해도 과언이 아닐 정도였는데, 진찬이에게 장래 희망을 물어보았더니 역시 애니메이션 작가였다. 방과 후에는 미술학원에 다닌다고 말했다. 장 선생님은 잘하고 있다면서 진찬이의 꿈에 관심을 가져 주고 흥미 있는 일을 마음껏 할 수 있어서 좋겠다며 편을 들어 주었다.

진찬이에게도 분명 장점들이 있는데, 진찬이는 자신의 장점을 인정받지 못하는 환경 속에서 이제껏 성장해 왔다. 만화를 잘 그리고 그것에 몰입하는 것은 분명 진찬이의 개성이었지만, 열심히 공부하기를 바라는 부모에게는 그저 실망스러운 모습이었다. 인정받지 못한 진찬이의 마음은 따뜻한 사랑에 굶주려 있었다. 장 선생님은 진찬이의 마음을 위로해 주고 칭찬해 주었다.

장 선생님은 만화가는 스토리를 엮을 수 있어야 하니 책을 많이 읽어야 하며, 만화와 관련된 고등학교에 진학하기 위해서라도 수업에 참여해야 하지 않겠느냐고 진찬이를 설득했다. 의외로 진찬이는 순순히 고개를 끄덕이며 수긍했다.

선생님은 6월 문예행사에서 진찬이의 그림을 반의 대표작으로 제출하였고, 그 작품은 교내 최우수상을 수상했다. 진찬이는 조금씩 달라지기 시작했는데, 장 선생님의 말에 귀를 기울이고 곁에 와서 물어보기도 하는 밝은 아이로 바뀌고 있었다. 그리고 2학기에는 행동이 더 부드러워지고 귀여운 모습이 많이 나타났다.

이러한 사례를 통해 우리는 자녀의 장점을 찾아 인정해 주고 용기를 주는 것이 얼마나 중요한지 알 수 있다. 사소한 부분이라도 관찰해서 칭찬해 주어야 한다. 아이의 장점을 발견해 주고 인정해 주면 아이는 꿈을 향한 용기의 나래를 펼칠 수 있게 된다.

꿈 찾기 프로젝트 #2

자신을 소개하는 20가지 질문에 대한 답을 작성하여 자신을 소개해 보세요.
(자녀들을 칭찬할 수 있는 계기로 삼을 수 있도록 분위기를 이끌어 줍니다.)

1. 내가 원하는 것은
2. 내가 어렸을 때는
3. 내가 싫어하는 것은
4. 내가 좋아하는 것은
5. 나를 가장 기분 나쁘게 하는 것은
6. 나를 가장 행복하게 하는 것은
7. 내가 가장 두려워하는 것은
8. 내가 가장 후회하는 것(일)은
9. 내가 살아야 하는 이유는
10. 나를 가장 괴롭히는 것은
11. 나의 매력은
12. 나의 성격은
13. 나의 부모님은
14. 나의 형제(자매)는
15. 나의 부모님은 나를
16. 나의 형제(자매)는 나를
17. 나의 친구들은 나를
18. 나의 가정환경은
19. 집에서 나에게 기대하는 것은
20. 우리 학교에서는 나를

경청하고 공감하고
격려하라

판단은 No! 일단 듣자

자녀와 꿈에 대해서 대화할 때는 미리 다짐해야 할 것이 있는데, 그것은 처음부터 끝까지 격려하고, 격려하고, 격려해야 한다는 사실이다. 자녀가 '슈퍼맨이 되고 싶다'거나 '달나라에서 살고 싶다' 등 무엇을 말하더라도 일단 격려해 주어야 한다. 현실감각이 미숙하기 때문일 수도 있고, 아니면 스스로를 감추고 싶은 소심함 때문일 수도 있다. 아이의 태도가 진지해 보이지 않아 실망감이 들 수도 있겠지만 그럼에도 우선은 덮어놓고 격려해 주어야 옳다.

현실적으로 자녀를 무조건 격려하기는 쉽지 않다. 자녀의 생활 습관이나 학습 습관, 예절 등을 교육함에 있어서는 적절한 훈계가 필요한 경우도 있다. 그러나 꿈에 관해 대화하는 과정에서만큼은 자녀가 무엇을 말하더라도 의지적으로 격려해 주려고 노력해야 한다.

부모와 꿈에 관해 대화하면서 격려를 받게 되면 아이는 생각의 폭을 확장할 수 있다. 자신을 지지해 주는 부모의 모습을 보면서 어떤 이야기를 해도 면박당하지 않는다는 것을 알게 되면 아이의 자신감은 한껏 높아지고 대화하려는 의지를 갖게 된다.

임 선생님은 초등학교에서 체육을 가르치는 교과 전담 교사로 근무하고 있다. 20년 이상 체육 관련 업무를 담당해 오면서 운동선수들의 실상을 목격하고 체육 분야에 부정적인 인식을 갖게 된 임 선생님은, 운동선수가 되고 싶다는 학생이 있으면 그 꿈을 종종 깨뜨려 버렸다. 예를 들어 어떤 학생이 축구선수가 되고 싶다고 하면, 우리 학교에는 축구부가 없고 너는 6학년이니 이미 늦었다며, 그 꿈은 현실적으로 불가능하다고 말하는 식이었다. 지금은 그런 식의 조언이 학생들의 가능성을 재단해 버린 것은 아닌지 후회하는 마음이다.

그 뿐만이 아니다. 대학 시절, 시체해부실에서 아르바이트를 했던 임 선생님은 처음 목격했던 시체해부실 광경에 큰 충격을 받았다. 너무 무서워서 일주일간 잠도 자지 못할 정도였다. 나중에 아들이 의대에 진학하고 싶다고 말했을 때는 본인의 경험을 근거로 아들의 뜻을 가로막았다. 그 결과 아들은 공대로 진로를 바꿔 진학하였다.

임 선생님은 수업 시간에도 본인의 경험을 학생들에게 전하면서 의사라는 직업이 얼마나 어렵고 힘든지 종종 이야기했는데, 의사를 꿈꾸던 학생이 의사가 되기 싫다며 꿈을 바꾸는 일이 생겨서 학부모로부터 항의를 받기도 했다.

학생들의 꿈에 긍정적으로 반응해 주고 자신감을 심어 주는 대신 자신의 주관적인 잣대로 학생들의 꿈을 지운 사례다. 부모는 자녀가 어떤 꿈을 말해도 일단은 경청하고, 공감해 주고, 응원하고, 자신감을 주도록 해야 한다. 진지한 마음으로 꿈을 말하는데 부모나 교사가 무시해 버린다면 아이는 더 이상 얘기하고 싶지 않을 것이다. 자녀가 어떤 꿈을 말하더라도 진지하게 듣고, "그렇게 훌륭한 생각을 하다니, 그 꿈을 이루면 참 멋지겠다"라고 말해 주면 자녀도 열심히 꿈을 키워 나갈 수 있을 것이다.

홍 선생님은 깊은 산골에서 유년기를 보냈다. 어느 날 대형 트럭이 엄청난 굉음을 내면서 마을을 흔들고 지나가는데 그 모습이 멋져 보여 "나는 커서 트럭 운전사가 될 거야"라고 말했다가 부모님에게 혼쭐이 났다. 고등학교 진학 시에는 손재주가 있어서 "공업고등학교에 가겠습니다"라고 말했다가, 아버지에게 "밥값도 못할 놈"이라는 소리를 듣고 다시는 꿈을 말하지 않게 되었다.

아이의 꿈에 있어서 부모와 교사의 한마디는 엄청난 영향을 끼친다. 자녀가 지나가듯이 말하는 꿈일지라도 관심을 가지고, 경청하고, 공감해 주는 것이 필요하다. 부모가 진지하게 경청하고 있다고 느낄 때 자녀도 마음을 연다.

🦋 미래의 대통령을 위하여

박군은 김 선생님의 교직 생활 중에서 교사라는 자부심을 느끼게 해 준 고마운 제자다. 김 선생님은 교직 생활 5년차에 시골 초등학교에서 박군을 만났다. 당시 김 선생님은 4학년 담임을 맡았고, 업무는 과학이었다. 과학은 다양한 대회를 치러야 하는 부서로, 작은 시골학교에서 교육청 주관 대회에 출전하는 것은 여간 힘든 일이 아니었다. 김 선생님은 눈빛이 초롱초롱하고 성실했던 박군을 격려하여 학교 대표로 출전시켰다. 과학상자, 과학독후감, 과학탐구 등 박군은 지도에 성실히 따라 주어 대회에 출전했고, 좋은 성적을 거두었다. 김 선생님에게 지도교사 상도 안겨 주었다.

세월이 흐른 뒤, 박군은 수능 시험을 보고 '스승 찾기' 사이트를 검색하여 김 선생님의 학교에 찾아왔다. 박군은 중·고등학교에 다니면서 공부하기 싫을 때마다 선생님의 말씀이 떠올라서 다시 책상에 앉곤 했다고 한다. 그때 김 선생님이 해 준 말은 격려의 말이었다.

"넌 우리 학교의 얼굴이야, 넌 할 수 있어. 선생님은 너를 믿어."

박군은 책도 별로 좋아하지 않았는데, 어느 날 숙제를 하기 위해 책을 읽고 있는 모습을 보고, 김 선생님은 박군이 책을 좋아하는 아이라며 또 칭찬해 주었다고 한다. 그때부터 박군은 책도 열심히 읽게 되었다. 이후 박군은 사법고시에 합격하여 지금은 판사로 근무하고 있다.

자녀들을 대할 때 다음 세 가지를 꼭 실천하도록 노력해 보자.

첫째, 아이들의 이야기를 잘 들어 주자.

둘째, 할 수 있다고 말해 주고, 믿어 주고, 도전하도록 격려하자.

셋째, 책을 많이 읽히고 스스로 깨달을 수 있는 환경을 만들어 주자.

대통령을 꿈꾸는 자녀에게 부모가 안 될 거라고 재단해 버린다면, 미래의 대통령 한 명이 사라지는 결과를 초래할 수도 있다. 세상에는 불가능한 꿈도 없고 천한 꿈도 없다. 자녀가 꿈을 향해 자신감을 갖도록 격려해 주자. 자녀의 꿈을 황당하거나 하찮다고 말하지 말고 그 분야의 다양한 정보를 제공해 주자. 그림을 잘 그리고 좋아한다고 해서 꼭 미술선생님이나 화가만 되는 것이 아니다. 실내 인테리어 디자인, 웹 디자인, 건물 설계, 패션 디자인 등 여러 직업들이 가능하다. 다양한 경험을 제공하여 시야를 넓힐 수 있도록 해야 한다.

'너무 격려만 해 주면 주제 파악을 못할 수도 있다'거나, '세상의 혹독함을 미리 알아야 한다'라고 생각하는 부모도 간혹 있다. 세상살이가 아무리 험난할지라도 가정에서만큼은 위로와 격려가 있어야 한다.

가정에서 부모가 격려를 아낀다면 우리 자녀들이 격려 받을 곳은 어디에도 없다. 부모의 긍정적인 마인드는 자녀에게 고스란히 전이된다. 부모가 자녀의 꿈을 믿고 긍정적인 생각을 가질 때, 그 에너지가 자녀에게 전달되며 꿈을 가질 용기를 품게 될 것이다.

인내하고 인내하고
더 인내하라

🦅 자녀가 스스로 결정하기까지 기다려야 한다

꿈에 관해 자녀와 대화하는 것은 결코 쉬운 일이 아니다. 꿈은 여러 면에서 사색이 필요하기 때문에 자녀에게 귀찮은 잔소리로 치부되기 쉽다. 일상적인 대화에는 어려움이 없을지라도 꿈에 대해서만큼은 자녀들이 마음을 열지 못하는 경우도 있다. 자녀가 마음의 문을 열기까지는 시간이 필요할 수 있다. 그러므로 부모에게 절대적으로 필요한 것은 바로 인내심이다.

그러나 부모에게 가장 어려운 부분이 또한 인내심이다. 자녀를 사랑한다고는 하지만, 자녀의 말과 행동을 고스란히 참아 주기란 여간 힘든 일이 아니다. 하지만 최소한 꿈을 주제로 자녀와 대화할 때 만큼은 더욱 인내심을 발휘하도록 노력해야 한다. 무엇보다 부모는 자녀와의 대화에서 특정한 답을 기대하지 말아야 하며, 자녀가 스스로 생각해 볼 수 있도록 시간을 주고 기다려야 한다. 자녀가 능동적인 관점에서 미래를 고민해 본다는 것은, 결과를 떠나 자녀에게는 분명 긍정적인 기회가 될 것이기 때문이다.

　박 선생님은 이제껏 아들에게 꿈을 심어 주기 위해 많은 노력을 해왔다. 이런저런 잔소리도 많이 했고, 위인 전집을 읽히려고도 했다. 하지만 아들은 엄마의 잔소리에 무반응이었다. 전집에는 손도 대지 않았고, 해외로 승마 캠프를 보내 준다고 해도 가려고 하지 않았다.

　아들은 학교 공부에 관심을 갖지 않았고, 세상에서 편하게 살다 가면 그만이라 말했다. 놀고 싶을 때는 놀아야 하고, 자고 싶을 때는 자야 하고, 돈이 없으면 안 쓰면 된다고 말하는 아들이었다. 그런 아들이 고3이 된 뒤로는 컴퓨터 게임에 빠져 하루하루를 보낼 때 박 선생님의 실망감은 이루 말할 수 없었다. 아들은 의욕 없이 대학에 진학했으며 세월을 허송하며 지냈다.

　그러던 아들이 처음으로 본인의 의지로 해병대를 선택했다. 체중 미달 상태에서 지원했던 아들은 해병대 2년 동안 체중이 10kg이 늘었고, 근육질의 건강한 몸을 만들어 제대했다. 그러더니 두 번째 선택을 선언했다. 평생 직업으로 삼고 싶은 꿈이 생겼다는 것이다.

　집이 이사한 관계로 통학하기 어려워지면서, 자취를 시작한 아들에게 자동차를 사 준 것이 발단이었다. 자신의 재산 목록 1호인 자동차에 날마다 붙어살더니 대학을 자퇴하고 진짜 공부를 시작하겠다고 선언한 것이다. 그것은 바로 세계 최고의 자동차 엔진을 만들겠다는 것이었다. 부모의 만류에도 아랑곳하지 않고 아들은 이런저런 자격증들을 취득하며 정신없이 공부에 매진하고 있다. 아들의 인생이 어디로 흘러갈지 모르지만 박 선생님은 그래도 예전보다는 여유롭게 아들을 응원한다.

부모가 바라는 직업을 아들에게 강요했던 것이 화근이었던 것 같다고 박 선생님은 말한다. 아이의 꿈이 마음에 들지 않더라도, 자신이 진정 원하는 꿈을 찾을 때까지 부모가 인내하고 기다려 주어야 한다. 사람은 하고 싶다가도 누군가 지시하면 하기 싫어지는 마음이 있다. 부모가 시켜서 하게 되면, 애써 하는 척하다가도 본인의 의사로 결정되지 않았다는 핑계로 하기 싫어지는 것이다. 시간은 걸리겠지만 본인의 입으로 말할 때까지 기다려야 한다.

🕊 이해하는 만큼 아이는 마음을 연다

초등학교 6학년 담임을 맡은 강 선생님은 학기 초라 학부모 상담을 진행했다. 교실 앞문을 두드리는 소리에 고개를 드니 목발을 짚은 어머니 한 분이 서 있었다. 그분은 자신을 상준이 엄마라고 소개했다.

상준이는 반에서 가장 골칫덩어리인 아이였다. 교직 생활 25년차인 강 선생님에게도 여러 모로 대하기 힘든 학생이었다. 그러나 자세한 사정을 듣고 보니 상준이가 그런 행동을 하는 것이 한편으로 이해되었다.

상준이 어머니는 사고로 다리를 잃고 공장에 다니고 있으며, 아버지는 술만 먹으면 가족들을 폭행한다고 했다. 어린 상준이가 감당하기에는 결코 가볍지 않은 이야기였다. 상준이를 따뜻하게 돌봐줄 사람은 없어 보였다. 강 선생님은 상준이를 안타깝게 여기기 시작했다.

상준이에게는 큰 무기가 있었다. 바로 독서량이다. 또래 학생들에 비해 상준이의 독서는 양도 많지만 수준도 높았다. 고전에서부터 신간 서적까지 닥치는 대로 읽었다. 독서를 시작하면 주변에서 어떤 일이 일어나는지도 모르고 엉뚱한 대답과 행동을 할 정도였다. 수업 시간에 답하는 어휘 수준도 높았으며, 3분 정도의 말하기가 자연스럽게 되었다. 수학 문제의 해결력도 높았고 독서 덕분인지 과학 상식도 풍부했다.

하지만 정말 싫어하는 것은 영어와 미술이었다. 상준이는 미술에 손대기조차 싫어했고, 영어 시간의 수업 참여는 엉망이었다. 강 선생님은 상준이가 자신에 대한 긍지를 높이고 삶의 허물을 벗고 날개를 달게 하고 싶었다. 그래서 선생님은 상준이가 자신 있어 하는 국어시간에 질문을 자주 해 정답을 맞출 기회를 주었고, 대답할 때마다 칭찬해 주었다. 영어 과목은 상준이가 좋아하는 여학생을 일대일 멘토로 붙여 주고, 성적이 올라가면 칭찬해 주었다. 미술은 아무리 달래도 안 되어서 작품이라도 제출하도록 했다.

6학년 2학기 중반쯤 되었을 무렵, 상준이는 이렇게 선언했다.

"선생님! 저 공학자가 될 거예요. 이제부터 과학고와 카이스트를 목표로 공부할 거예요."

강 선생님이 마음으로 생각해 오던 말이 상준이의 입을 통해 나온 것이었다.

"그래 상준아! 난 네가 그렇게 생각할 줄 알았고, 반드시 그렇게 될 거라 확신해. 정말 잘 생각했어. 그러려면 지금부터 공부하는 방법과 생각이 달라져야 할 텐데?"

"네, 선생님! 지금부터 공부하는 시간을 늘리고, 일단 OO중학교에 진학해서 상위 10% 학생들이 들어가는 영재학급에 들어가고 싶어요."

"그래 잘 생각했어. 상준이라면 분명 몇 년 뒤 카이스트 교정에 있을 거야."

강 선생님은 그저 참아 주고 이해해 주고 칭찬해 주었을 뿐이라고 한다. 꿈꾸도록 도와주기 위해서는 학생을 먼저 이해해야 한다. 만약 상준이의 행동에만 초점을 맞추었다면, 선생님은 아이를 매일 꾸짖고 야단쳤을 것이다. 그러나 아이를 이해함으로써 친밀한 유대관계를 형성할 수 있었고, 이것이 아이의 마음을 여는 중요한 역할을 했다.

자녀들은 본인의 이야기를 할 때, 상대방이 자신의 얘기를 잘 들어 줄 만한 사람인지 경계하는 습성이 있다. 반면에 부모는 마음속으로 답을 미리 정해 놓고 자녀들과 대화하는 경향이 있는데, 그래서인지 자녀의 의견에 귀 기울이기가 쉽지 않다. "그것은 이루어질 수 없는 꿈이다" "그것은 현실적이지 않다" 등으로 꿈을 평가한다면 자녀는 더 이상 마음의 문을 열지 않을 것이다.

태어나 준 것만으로도
고마운 마음을 전하라

🕊 너는 특별해, 큰 인물이 될 거야

나의 아버지는 경상북도 봉화군의 산골에서 태어나 일제강점기와 한국전쟁을 겪으면서 가난하게 자랐다. 초등학교만 간신히 졸업한 아버지는 농사를 짓다가 베트남전쟁에 참전하였는데, 베트남에서 작전을 수행하던 12개월 동안 월급을 전혀 쓰지 않고 모았다. 돈을 한 푼도 인출하지 않은 부대원은 아버지가 유일했다.

베트남에서 돌아온 뒤에는 강원도 탄광에서 광부로 일했다. 폐에서 염증이 발견되어 탄광으로부터 해고 통보를 받은 아버지는 부산으로 내려와 장사를 시작했다. 아버지는 보따리를 둘러메고 찹쌀부터 어묵, 빗 등의 물품들을 팔러 다녔다. 장사는 쉽지 않았으며 하루 벌어서 하루를 겨우 살았다. 보다 못한 어머니도 장사에 합세했는데, 어머니는 길모퉁이에서 물건들을 늘어놓고 팔았다.

나는 1975년도에 태어났는데 아버지의 말씀으로는 내가 태어나면서부터 우리 집 형편이 조금씩 풀리기 시작했다고 한다. 천성이 근면성실하신 아버지는 내가 태어나자 그 책임감에 더 열심히 장사에 매진했다고 말씀하셨다. 그 덕분에 보따리상이었던 아버지는 손수레를 장만했고, 나중엔 자갈치시장에 작은 가게를 장만할 수 있었다. 맨주먹에서 시작해서 부모님의 노력으로 이뤄 낸 성취였다.

조금 우스운 해석으로 들리겠지만, 나는 이 모든 것의 시작이 우리 집의 복덩이인 '나의 출생'에서 비롯되었다고 생각한다. 아버지는 내가 태어나면서 더 열심히 노력했으며, 그래서인지 우리 집의 장사가 살아나기 시작했다는 얘기를 내게 종종 들려주었다. 나는 아버지의 말씀을 내 것으로 받아들였다. 그리고 그 말씀이 초·중·고등학교 시절부터 지금까지 살아오는 동안 나에게 힘이 되어 주고 있다. 아버지 말씀의 진위 여부는 중요치 않다. 내가 그렇게 믿는 것이 나에게 자긍심을 심어 준다.

생각해 보면 어려서부터 나는 내가 특별하다고 생각해 왔다. '나는 특별해. 뭔가 대단한 일을 해낼 사람이야'라는 것인데, 이러한 생각에 그 어떤 합리적인 근거는 없다. 아마 내가 그렇게 생각하게 된데에는 부모님의 영향이 컸을 것이다.

이러한 생각 덕분에 '노력하면 안 되는 일은 없어'라고 생각할 수 있었다. 자갈치시장 장사꾼의 아들로 태어나 자랐어도 눈앞의 환경에 전혀 개의치 않고 묵묵히 노력할 수 있었다. 노력해서 좋은 성과를 얻어내면 감사할 수 있었고, 결과가 좋지 않아도 그래도 이만하면 괜찮은 편이라고 생각했는데, 어디에서 무엇을 하든 나는 잘할 자신이 있다고 생각하면서 살아왔기 때문이다.

🕊 당당하게 도전하는
마음의 힘을 길러 주는 축복의 말

내 경험에 비추어 본다면, 부모는 자녀에게 이런 유형의 이야기를 지어서라도 들려주면 좋을 것 같다. 부모가 그러한 이야기를 들려준다면 자녀는 말로 다할 수 없을 만큼 큰 용기를 가질 것이다. 이왕이면 자녀가 어릴 때부터 시작하면 좋다. 자녀가 아무리 어려도 그 의미를 이해할 수 있다. 나는 큰아들과 작은아들에게, 아이들이 태어나면서 우리 가정에 생긴 축복들을 종종 얘기해 준다.

우리 부부는 결혼 후 각자의 직장 때문에 주말 부부로 지냈는데, 큰아이가 태어나면서 주말 부부를 청산해야겠다고 생각하게 되었다. 그때 나는 우연하게도 동아대학교 경영학과의 교수 모집 공고를 보고 지원서를 제출했는데, 합격의 가능성은 희박해 보였다. 그래도 갓난아기를 생각하면서 최선을 다해 준비해서 도전했으며 수십 명 지원자들 중에서 최종 1인으로 선발되었다. 감사하는 마음으로 나는 대학에서 열심히 강의했으며, 그래서인지 최우수강의 교수상도 여러 차례 수상했다. 나는 큰아들에게 이렇게 말한다.

"이런 축복들은 모두 너의 태어남에서 비롯되었어. 네가 태어나면서 아빠는 더 열심히 노력하고 싶은 용기를 가졌단다. 아들이 생기니까 든든한 마음에 더 열심히 도전하고 싶어지더라. ○○아, 태어나 줘서 고마워."

이렇게 말하면, 큰아들은 뿌듯한 표정을 짓는다.

둘째 아들에게는 이런 이야기를 들려준다. 나의 첫 책《말하는 대로 꿈꾸는 대로》를 집필하기로 마음먹었던 때가 바로 둘째가 출생하던 시기였다. 둘째가 태어나면서부터 글을 쓰기 시작해서 거의 3년 동안 책을 집필했다.

"네가 태어나면서부터 아빠는 책을 쓰기 시작했고 꿈에 대해 연구하기 시작했단다. 너의 탄생이 아빠에게 다양한 영감들을 불어넣어 주었고, 더 열심히 노력하고 싶은 용기를 주었단다. 모두 너의 탄생 덕분이야. ○○아, 태어나 줘서 고마워"라고 말해 주면, 둘째 아들은 의기양양한 표정을 보인다.

나는 이런 종류의 이야기들을 아이들에게 다양하게 들려준다. 내가 하는 이야기들이 완전히 거짓은 아니다. 아이들이 태어나면서 아버지로서 더 열심히 살아야겠다고 다짐하게 된 것은 누가 뭐라 해도 진심이기 때문이다.

나는 아들들이 스스로를 특별한 존재라고 여기기를 희망한다. 내가 그랬던 것처럼 별다른 근거 없이도 말이다. 아무 근거 없이도 그러한 믿음을 갖는 것은 그 자체로 대단한 능력이며 인생에서 값진 자산이다. 그러한 믿음은 당당하게 도전하는 마음의 힘을 길러 줄 것이다. 또한 자신의 존재를 특별하게 여기는 사람은 어떤 일이든지 쉽게 포기하지 않는다.

아이가 태어났을 때부터의 기분과 감정, 가정에 생긴 축복들을 생각해 보자. 아무리 생각해도 그러한 점들이 떠오르지 않는다면 상상력을 발휘하고 약간의 과장을 섞어서 지어내도 괜찮다. 이러한 이야기들을 말로 하기 어렵다면, 편지로 써서 아이에게 전달해도 좋다. 아이들은 부모의 사랑과 관심에 대해 감사하는 마음을 가질 수 있으며, 그러한 사랑으로 자신의 현재와 미래를 진지하게 생각해 보고 최선을 다하겠다는 용기를 가질 것이다.

꿈 찾기 프로젝트 #3

자녀가 태어나면서 우리 가정에 생긴 축복들을 기록해 보고,
이러한 축복들을 자녀에게 들려주거나 편지로 전해 주세요.

자녀를 따뜻하게 안아 주면서, "우리 집에 태어나 줘서 고마워"라고 고백해 보세요.

자녀는 매일
부모를 관찰한다

❦ 내가 물려줄 수 있는 가장 값진 유산은?

나는 내 아이들을 매일매일 관찰해 오고 있다. 큰아들은 9년째, 둘째 아들은 7년째 관찰하고 있다. 무엇을 좋아하는지, 무엇을 잘하는지, 무엇에 관심을 보이는지, 친구들과는 어떻게 지내는지 등을 관찰한다.

흥미로운 사실은 큰아들도 나를 9년째 관찰해 오고 있으며, 둘째 아들도 나를 7년째 관찰해 오고 있다는 점이다. 아빠가 어떤 표정으로 출근하는지, 어떤 표정으로 퇴근하는지, 휴일을 어떻게 보내는지, 자신과 어떻게 놀아 주는지, 갑작스럽게 닥치는 문제에는 어떻게 반응하고 대처하는지 등을 관찰해 오고 있다.

어느 날 생각해 보았다.

'내가 아들들에게 물려줄 수 있는 가장 값진 유산은 무엇일까?'

가장 값진 유산은 집도, 차도, 돈도 아니며, 그것은 '아버지로서 모범이 되는 책임 있는 삶'일 것이다. '아버지의 삶'을 떠올릴 때마다 자녀들이 힘을 얻고 용기를 얻을 수 있다면, 어떤 상황에도 좌절하지 않을 희망의 에너지를 자녀에게 물려줄 수 있다면, 그것 이상의 값진 선물이 세상에 존재하겠는가?

나의 어머니는 유복한 집안에서 자랐으나 맏딸이라는 이유로 초등학교만 졸업했다. 어머니는 19세 나이에 결혼하였고, 아버지가 탄광에서 일하던 2년 정도 가정주부로 지냈으나 나머지 인생은 장사꾼으로 살았다. 어머니는 장사꾼의 역할을 감당하면서도 음식 준비, 빨래 등 살림에도 충실했다. 어머니는 무척 고단하게 살아왔지만 아버지를 비롯한 그 누구도 원망하지 않았고, 신세를 한탄하거나 자식들 앞에서 눈물을 보인 적도 없다. 하나님을 믿는 신앙심도 깊은 어머니는 30년 넘게 매일 새벽예배에 나가 자녀들을 위한 축복 기도를 해 오고 계신다.

내 기억 속의 아버지와 어머니는 근면성실한 분이다. 부모님에게는 여가나 휴식이라는 개념 자체가 없었다. 가족끼리 여행이나 나들이를 가 본 기억이 없다. 부산이라는 관광 도시에서 살았는데 부모님과 바닷가에 놀러 간 경험이 한 번도 없다면 믿을 수 있겠는가?

나는 부모님이 치열하게 사는 모습을 매일매일 지켜보았다. 그럴 수밖에 없는 구조였다. 우리 가족이 거주하는 가정집은 가게 안에 있었다. 낮잠을 자다가 깨어 밖을 내다보면 가게에서 부모님이 장사하는 모습을 언제나 볼 수 있었다.

그런데 신기한 사실은 자갈치시장에 살았던 당시의 기억들이 요즈음 내 머릿속에 종종 떠오른다는 점이다. 시장의 시끄러운 소음 속에서 부모님이 물건을 나르거나, 손님들과 가격을 흥정하던 모습들이 떠오르는 것이다. 두뇌 어딘가에 각인된 듯한데, 희한하게도 삶의 기로에서 갈피를 잡지 못하고 망설일수록 이 영상은 선명해진다. 그러면서 나에게 '세상에 쉬운 일은 없으니 정면으로 부딪혀 봐. 남의 눈치 보지 말고 달려들어 봐'라고 속삭이면서 도전해 보라는 듯하다. 부모님의 장사하시는 영상이 떠오르면 나에게는 왠지 오기가 발동한다.

장사하느라 바빴던 나의 부모님은 자녀들에게 다정다감하지는 않았지만, 어떤 힘든 상황에서도 포기하지 않고 치열하게 살아내셨다. 부모님의 모습을 매일 지켜보았기에 나도 어떤 상황에 처하더라도 포기하지 않을 것이다.

일흔이 넘은 아버지는 가게 일을 줄이고 지금은 호스피스 봉사활동을 다니며 여러 취미에 도전하고 계신다. 아버지는 시장에서 장사하면서 아들을 대학 교수로 키워 냈다는 사실에 대한 자부심이 크다. 한편으로 당신이 대학 교수의 부친이라는 자긍심에 누가 되지 않도록 열심히 살아야 한다고 생각하는 것 같다.

이처럼 부모와 자식은 서로를 끊임없이 의식하는 존재다. 서로에게 자랑스러운 존재이기를 희망하고 서로에게 힘이 되어 주고픈 근원적인 소망이 있는 듯하다.

🦅 부모의 일하는 모습을 보여 주라

나는 주말이나 방학 중에 날을 골라서 아이들을 대학의 내 연구실로 데려온다. 연구실에서 아이들은 숙제를 하거나, 그림을 그리거나, 책을 읽기도 한다. 지겨워지면 운동장에서 공을 차고, 밥도 먹고, 아이스크림도 먹으면서 추억을 만들려 노력한다. 다행히 아이들은 아빠의 연구실에 따라오는 것을 즐거워한다. 그러면서 아이들은 연구실에서 책을 읽고, 공부하고, 연구하는 아빠를 유심히 관찰한다.

내 머릿속에 부모님의 장사하시는 모습이 남아 있는 것처럼, 내가 열심히 노력하는 모습은 아이들의 두뇌에 각인될 것이다. 그래서 우리 부부는 TV를 보면서 빈둥거리거나 나태한 모습 대신 좀 더 부지런하게 사는 모습들을 아이들에게 보여 주려고 노력한다.

자녀가 꿈꾸기 위해서는 용기를 주는 것과 동시에 '열심히 살고 싶은 의욕'을 심어 주어야 한다. 그러한 의욕을 심어 줄 수 있다면 꿈은 결과적으로 만들어질 수 있다. '열심히 살고 싶은 의욕'을 일깨우는 것, 더 열심히 살고 싶은 마음이 들도록 모범을 보이는 것, 그것은 부모가 베풀 수 있는 최고의 선물이다.

꿈 찾기 프로젝트 #4

내 머릿속에 남아 있는 부모님의 긍정적인 모습들을 기록해 보세요.

나는 자녀에게 어떠한 모습으로 기억되고 싶은지 기록하고, 자녀와 나눠 보세요.

리더십 교육은
가정에서 시작된다

🦅 리더가 되기 위해 갖추어야 할 세 가지 능력

우리는 자녀를 리더로 키우고 싶어 한다. 과연 리더란 무엇인가? 국어사전에는 리더란 '사람들을 이끄는 사람'으로 되어 있다. 맹목적으로 다른 사람을 따르기보다는 국가나 사회, 공동체 및 사람들에게 방향을 제시하면서 이끌어 가는 사람을 리더라고 말할 수 있다.

리더의 정의를 엄밀히 따져 보면, 영향력 있는 직업을 가지더라도 남들을 따라서 정해진 대로만 행동한다면 리더라고 부를 수 없으며, 직업과는 상관없이 새로운 생각으로 사람들에게 의미 있는 방향을 제시하는 사람을 리더라고 말할 수 있다.

자녀가 주목 받는 직업을 가진다면 리더로 성장할 가능성은 상대적으로 높아지겠지만, 직업 자체보다는 어떤 생각으로 살아가는지가 우선이라고 말할 수 있다.

조직의 리더가 되기 위해서 우리 자녀는 어떤 능력들을 갖출 필요가 있을까? 리더에게 필요한 능력을 세 가지만 꼽아 보자면 다음과 같다.

첫째, 미래를 예측하여 비전을 제시하는 사고력.

둘째, 사적인 이익보다는 공동체의 이익을 추구하는 책임감.

셋째, 목표를 달성하기 위해 구성원에게 임무를 적절히 할당하고, 동기를 부여함으로써 조직의 역량을 총체적으로 활용하는 조정 능력.

위의 세 가지는 얼핏 보기에도 하나하나가 어마어마한 능력이다. 수학 공식이나 영어 단어 등의 지식을 많이 쌓는다고 익혀지지 않으며, 인생을 살아가면서 저절로 얻어지는 것에도 한계가 있다. 따라서 자녀를 리더로 키우기 위해서는 리더십에 대해서 진지하게 교육할 필요가 있다.

만일 자녀에게 리더십을 교육한다면, 어떤 교육기관이 이를 맡아야 하겠는가? 먼저 학교를 떠올리겠지만, 현재의 학교는 지식 교육에 초점을 맞추고 있으므로 교육의 패러다임을 단시일에 변경하기는 어려울 것이다.

학교에서 자녀가 회장으로 선출되었다고 해서 리더십이 길러진다고 장담할 수 없다. 회장이 되는 것은 자녀에게 여러 모로 값진 경험이겠지만, 리더의 자리에 앉혀 놓고 리더십을 키우라고 하기 보다는 리더십에 대한 바른 교육을 하는 것이 우선이다.

🦅 리더십 교육은 가정에서 시작된다

조선 시대에는 제왕 교육을 궁궐에서 실시했다. 제왕 교육이란 장차 임금이 될 왕세자에게 통치자로서의 품성, 실무 능력, 소통 능력, 문제 해결 능력, 대외 정세 파악 등을 가르치는 전인적인 교육이었다. 왕자를 왕으로 만드는 교육으로, 한마디로 조선 시대의 리더십 교육이다. 이러한 교육은 당대에 가장 뛰어난 집현전 학자들이 맡았는데 일대일 대화 형식으로 교육이 이루어졌다.

《조선왕실의 자녀교육법》(신명호 지음)을 보면 제왕 교육은 평균적으로 8세 전후에 시작했으며, 어떤 경우에는 임금이 직접 왕자를 앉혀 놓고 국가를 통치하는 방법, 백성을 돌보는 어진 마음 등을 교육했다. 조선 시대에는 총 27명의 왕이 있었는데, 이들이 왕으로 즉위했던 평균 연령은 약 25세였다. 즉 8세 전후에 왕세자에 책봉되었으므로 대략 17년간 제왕 교육을 받은 셈이 된다.

우리 조상들은 리더십이 저절로 길러지는 것으로 생각하지 않았으며 가르치고 배워야 하는 것으로 판단했다는 점이 놀랍다. 조선 시대의 궁궐은 왕과 왕자에게는 가정이라고 말할 수 있다. 국왕의 자리에 오르기 훨씬 전인 어린 시절부터 왕자는 리더십을 가정에서 배운 것이다.

또한 조선 시대 임금들은 왕세자의 리더십 교육을 집현전 학자들에게 전적으로 위탁하지 않았다. 학자들은 어떤 서책으로 어떻게 교육시키고 있는지를 임금에게 하루 단위로 보고했으며, 임금은 교육

과정에 일일이 관여했다. 임금 역시도 어려서부터 제왕 교육을 십수 년간 받았으므로 자신의 경험을 살려 왕자의 제왕 교육을 직접 지휘했다. 왕자에 대한 제왕 교육의 총책임자는 집현전 학자들이 아니라 아버지인 임금 자신이라고 여겼던 것이다.

조선 시대와 달리 우리 자녀들은 누구나 대통령이 될 가능성을 지니고 있다. 조선 시대에는 아버지의 신분을 자녀가 물려받았지만 지금은 그러한 시대가 아니다. 지금의 시대는 생각의 폭과 깊이, 능력이 스스로의 신분을 결정한다고 말할 수 있는데, 자녀가 세상을 넓게 보고 국가 전체를 아우르는 관점으로 삶을 도전해 나간다면 미래에 대통령이 되지 못한다는 법도 없다.

자녀가 리더로 성장하기를 바란다면 가정에서부터 리더십을 가르쳐 보자. 우연한 기회에 리더의 자질을 익힐 수도 있겠지만, 언제든 리더의 자리에 오를 기회를 잡을 수 있도록 가정에서 차근차근 리더십 교육의 기초를 닦아 놓아야 한다.

나는 아이들에게 해방 이후 대한민국의 역대 대통령들에 대한 이야기들을 종종 들려준다. 초대 대통령인 이승만 대통령부터 최초의 여성 대통령인 박근혜 대통령에 이르기까지 이야기들은 방대하다. 아이들은 내가 들려주는 이야기를 시간 가는 줄 모르고 듣는다.

리더는 과거의 역사로부터 교훈을 얻을 수 있어야 한다. 자녀를 리더로 키우고 싶은 부모라면 우리나라의 역사 이야기를 자녀에게 들려주는 것이 좋다. 우리나라의 찬란한 문화유산과 지혜로운 선조들의 이야기들과 동시에 암울했던 과거사에 대해서도 가르쳐야 한다.

자랑스러운 역사에 대해 이야기한다면 조상들로부터 뛰어난 재능과 지혜를 전수받은 후손으로서의 자긍심을 고취시킬 수 있을 것이다. 반면에 우리나라가 겪었던 수난, 중국과 일본으로부터 침략 당했던 이야기들을 통해서는 과거의 치욕을 재현하지 않기 위한 노력들에 대해 생각하게 될 것이다.

🦋 부모의 리더십

자녀들이 꿈꿀 수 있는 용기를 가지도록 돕는 가장 효과적인 방법은 자녀들에게 롤모델을 소개해 주는 것이다.

매일 만나는 부모가 자녀의 롤모델이 될 수 있다면 가장 이상적일 것이다. 삶으로 자녀에게 힘과 용기를 심어 주는 부모가 되는 것이다. 그러기 위해 부모가 먼저 꿈을 향해 도전하면 좋겠다. 자녀에게 자신의 바람을 강요하고, 그런 아이에게서 대리 만족하면서 부담을 안길 것이 아니라, 부모가 먼저 도전하면서 삶의 모범을 보이는 것이다. 그러한 부모의 모습에서 자녀들도 자연스럽게 '나도 한번 해 보자'라는 용기를 가질 것이다.

부모가 꿈을 향해 도전하는 인생을 살아가는 것, 이것이 가장 의미 있는 부모의 리더십이다. 이 책의 꿈꾸는 기술을 활용해서 부모가 먼저 꿈을 만들어 보자. 그리고 그 꿈을 자녀와 소통하자. 이러한 방법으로 부모가 자녀의 롤모델이 될 수 있다. 그것은 부모로서 누릴 수 있는 최고의 영광일 것이다.

부모가 완벽한 모습을 보여야 한다는 뜻은 아니다. 그래야 한다는 부담감에서 자유로워지자. 부모가 자녀를 이끌어 준다는 경직된 개념보다는, 어떻게 살아야 행복한 삶인지를 자녀와 함께 고민하는 것에서 시작하면 좋다.

인생을 더 살았을지라도 부모조차 인생에서 아직 방황하고 있지 않은가? 부모가 느끼는 혼란스러움을 솔직하게 고백해 보자. 꿈을 향해 살아간다는 의미에서 부모와 자녀는 동반자적인 마인드를 가지는 것이 좋다.

부모와 자녀가 긴 세월을 함께 살아간다는 차원에서 이러한 경험은 서로에게 값진 추억이 될 것이다. 이러한 추억들이 쌓인다면 자녀는 성장하면서 만나게 되는 더욱 복잡하고 해결하기 어려운 문제들에 대해서도 부모와 보다 솔직하고 차원 높은 대화를 나누려 할 것이다. 지금의 꿈 찾기 활동은 그러한 차원에서 보다 멀리 내다보는 투자다.

꿈 찾기 프로젝트 #5

어린 시절 가졌던 꿈과, 그 꿈을 가지게 되었던 계기를 기록해 보고,
부모님의 어린 시절의 꿈을 자녀에게 이야기해 보세요.

3장.
자녀가 좋아하는
꿈에서 시작하라

좋아하는 꿈을 향해 갈 때
공부도 열심히 한다

🦋 되면 좋고, 안 되어도 그만?

공부에 열심이고 학교생활에도 모범적이지만 꿈을 말할 때 가슴이 전혀 뛰지 않는 학생들이 많다. 인생에서 소중한 꿈을 말하면서도 아무런 느낌이 없는 것이다. 자신의 흥미나 욕구, 관심, 적성에서 출발하는 꿈이 아니라, 주변 사람들의 바람, 지시 등으로 정해진 경우가 많기 때문이다.

그러한 학생들은 대부분 이런 식으로 꿈을 말한다.

"되면 좋겠지만, 안 되어도 그만이죠, 뭐."

그래서인지 이런 학생들에게서는 적극성이나 간절함을 찾아보기 어렵다. '이 길이 진짜 내 꿈이다, 이 꿈이 나를 가슴 뛰게 만든다'라고 생각하면 잠을 줄여서라도 노력할 것이다. 반면 가슴에 동요가 전혀 없다면, 그 꿈을 향해 열정을 발휘하기는 어려울 수밖에 없다.

개인이 추구하는 꿈에 있어서 정답은 없지만, 어떤 열정도 일어나지 않는 꿈은 없는 것이나 마찬가지다.

꿈을 만든다고 해서 꿈이 이뤄진다고 보장할 수는 없다. 꿈의 성취 여부는 인생을 살아본 후에 확인할 수 있는 결과일 뿐이다. 열심히 노력하면서 살았음에도 꿈을 이루지 못할 수도 있다. 그럴지라도 그 꿈 덕분에 삶을 열정적으로 살았다면, 설령 꿈이 이뤄지지 않았을지라도 그 꿈은 충분히 의미가 있는 것이다.

열정을 불사를 수 있는 꿈이란 어떤 꿈일까? 여러 조건들이 있겠지만, 최소한 자신이 어느 정도 좋아하는 꿈에서 시작해야 한다. 사람들이 아무리 좋다고 추천해도 자신에게 매력적이지 않은 꿈을 설정하고, 그 꿈을 앵무새처럼 말한다고 해서 무슨 의미가 있겠는가? 그럴 때 '되면 좋고 안 되어도 그만' 식으로 꿈을 말할 수밖에 없는 것이다.

🦋 체험을 통해 시야를 넓혀 주자

'서울지방경찰청 강력계 이 형사.' 여고생 2학년 이 양이 꿈꾸는 자신의 10년 뒤 모습이다. 그런데 이 양은 꿈을 이루기 위한 퍼즐 조각 하나가 빠져 있다는 사실을 알지 못했다.

이 양은 초등학교 때부터 몸으로 직접 활동하는 일이 좋았다. 특히 땀을 흘릴 때 보람을 느꼈으며 합기도장에 가면 눈이 빛났다. 겨루기를 하면 또래 남자아이들도 한 방에 나가떨어지곤 했다. 그러나 공부에는 흥미가 없어서 중학교에 진학한 이후로 성적은 계속 떨어졌다. '수'를 받은 과목은 체육뿐이었다.

경찰을 꿈꾸게 된 것은 중3 때였다. 범죄 수사를 다루는 드라마나 영화에 등장하는 현장 수사관을 보고는 그런 사람이 되고 싶다는 꿈이 생긴 것이다. 이 양은 몸으로 뛰는 경찰은 몸만 날렵하면 된다고 생각했다. 하지만 오래지 않아 환상은 깨졌다. 선생님의 소개로 경찰 행정학과에 다니는 졸업생 선배를 만났을 때 뜻밖의 이야기를 들었기 때문이다.

"공부에 소홀해도 합기도와 같은 운동만 잘하면 경찰이 되는 데 별문제 없죠?"

그러자 선배는 경찰이 되기 위해서도 열심히 공부해야 하지만, 경찰이 된 후에도 끊임없이 공부하고 노력해야 한다며 이 양의 기대와는 다른 대답을 했다. 선배의 말에 충격을 받은 이 양은 그때부터 공부를 시작했다. 학교 수업을 마치고 매일 밤 10시까지 자율 학습실에서 공부에 매달렸다.

흘린 땀의 결과는 정직했다. 공부 시작 1년 만에 전교 148등에서 30등으로 100등 이상을 끌어올린 것이다. 이 양은 요즘도 오전 6시 30분에 일어나 학교에 간다. 자율학습까지 마치고 집에 돌아와 새벽 1시가 되어 잠이 든다. 매일 반복되는 일상이지만 공부를 열심히 해야 하는 의미를 분명히 알고 있기에 공부가 즐겁다. 오늘도 자신의 꿈에 한 걸음 다가가기에 얼굴에는 미소가 가득하다.

이 양의 경우처럼 자신이 원하는 꿈을 품고 있는 학생은 미래를 구체적으로 계획하고, 시키지 않아도 스스로 노력하게 된다. 자신이 진정으로 원하는 꿈을 가진 학생들은 목적의식이 분명하기 때문에 수업 시간에 집중한다. 과제에 대한 충실도가 높고, 결과적으로 공부를 더 열심히 하려는 경향을 보인다. 쉬는 시간에도 도서관에 다녀 온다든지 꿈과 관련된 활동을 하는 등 시간을 효율적으로 활용하려는 모습을 보인다. 이러한 결과를 보면 학생들이 진정 원하는 꿈을 만드는 활동이 얼마나 중요한지 알 수 있으며, 학교 및 가정에서 반드시 이루어져야 하는 활동임을 알 수 있다.

부모는 자녀가 관심을 보이는 분야를 체험할 시간과 기회를 적극적으로 열어 줄 필요가 있다. 자녀가 공부를 잘하면 좋겠지만 공부도 인생을 살아가는 방편의 하나일 뿐이다. 자녀들이 앞으로 살아갈 세상은 지금과는 많이 다를 것이므로 열린 마음과 안목으로 자녀의 삶을 바라보아야 한다.

자녀가 좋아하는 꿈에서 시작한다면, 그리고 부모로부터 꿈을 존중받는다면 자녀도 부모의 의사를 존중하게 된다. 자신이 원하는 꿈을 존중받는다면 대개의 경우 공부에도 기쁘게 열중하는 경향이 있는데, 이는 그러한 심리적인 이유 때문이다.

주식 투자로 성공하고 싶은 꿈을 가진 학생이 있었다. 고등학교 2학년인데 성적은 전체에서 중간 정도였다. 학기 초에 가진 상담 시간에 그 학생은 주식으로 큰돈을 벌고 싶고 또 그럴 자신 있다고 말했다. 장 선생님은 그 말을 무시하면서 이상과 현실은 다르다고 말해 주었고, 주식으로 자산을 탕진한 주변 사람들의 이야기를 들려주면서 다른 길을 생각하도록 조언했다. 하지만 그 학생은 자신이 하고 싶은 것을 하겠다고 말했다.

이후에도 학생은 학교 공부에는 관심이 없고 쉬는 시간마다 스마트폰을 들여다보면서 주식에 대해 연구했다. 장 선생님은 그 학생이 어떤 생각으로 하루를 보내는지 자세히 알기 위해 다시 상담하였다. 학생은 주식의 변화를 관찰하고 본인이 가진 돈으로 주식을 직접 거래하며, 집에서는 주식 방송을 보면서 연구한다고 말했다. 또한 책과 인터넷을 활용하여 기업들을 분석하면서 꿈을 향해 매일매일 정진해 나가고 있었다.

주식에 대한 학생의 열정과 식견을 보고 장 선생님은 잠시 충격을 받았다. 요즘 학생들은 예전과 다르다는 것을 체감하게 되었고, 공부만 잘하도록 지도하는 것이 정답은 아닐 수도 있겠다는 생각이 들었다. 장 선생님은 학생의 생각을 진지하게 경청했으며 학생의 집중력과 열정을 칭찬해 주었다. 생각해 보면 워렌 버핏도 주식 투자를 통해 세계적인 투자자의 반열에 오른 것 아닌가? 장 선생님은 학생이 학교에서도 주식 관련 책을 읽을 수 있도록 허락하였고 최소한의 학습은 소홀하지 않도록 지도했다.

요즘에는 가수가 되고 싶은 아이, 요리사가 되고 싶은 아이, 만화가가 되고 싶은 아이 등 개성 있는 꿈을 꾸는 아이들이 많다. 꿈은 자신이 좋아하는 분야에서 시작하는 것이 좋다. 좋아하는 일을 하게 되면 더 노력하게 되고, 그러다 보면 자신감이 생기고 공부에도 흥미를 가지고 의미를 발견할 수 있게 되는 것이다.

🦋 죽기 전에 꼭 해 보고 싶은 일

가족들이 둘러앉아서 버킷리스트(Bucket List)를 작성해 보자. 버킷리스트란 죽기 전에 꼭 해 보고 싶은 일들의 목록이다. 버킷리스트를 작성할 때는 막연하게 기록하지 말고 자신이 원하는 사항들을 구체적으로 적어야 한다. 예를 들면 '맛있는 것 먹기'라는 식으로 작성한다면 20개도 채우기 어렵다. 맛있는 음식들의 이름들을 구체적으로 열거해야 한다.

작성해 보면 알겠지만 버킷리스트는 20개를 넘어가면 더 생각해 내기가 쉽지 않다. 이는 매우 자연스러운 현상이다. 그러면 생각을 쥐어 짜내야 하는데, 그렇게 쥐어 짜내는 생각에 의미가 크다. 50개를 채우기 위해 생각을 짜내는 과정이 괴롭겠지만 이를 통해서 자신의 추억들을 여러 방면으로 돌아보게 될 것이다. 어린 시절 인상 깊었던 경험이나 취미, 기억들을 떠올리면서 과거의 꿈들을 회상하게 될 것이다.

버킷리스트의 항목들을 미리 설정해 보아도 좋다. '가 보고 싶은 장소' '먹어 보고 싶은 것' '읽어 보고 싶은 책들' '만나고 싶은 사람' '배우고 싶은 것' '성취하고 싶은 것' '가지고 싶은 것들' '도와주고 싶은 대상들' 등으로 미리 항목들을 정한다면 균형 있게 작성할 수 있다.

꿈 찾기 프로젝트 #6

가족들과 함께 버킷리스트 50가지를 작성해 보세요.

	하고 싶은 일	희망하는 시점
1		
2		
3		
4		
5		
6		
7		
8		
9		
10		
11		
12		
13		
14		
15		
16		
17		
18		
19		
20		
21		
22		
23		
24		
25		
26		
27		
28		
29		
30		
31		

32		
33		
34		
35		
36		
37		
38		
39		
40		
41		
42		
43		
44		
45		
46		
47		
48		
49		
50		

꿈 찾기 프로젝트 #6-1

버킷리스트를 항목별로 작성해 보세요.

자신이 가지고 싶은 것들을 써 보세요.

1)	2)
3)	4)
5)	6)
7)	8)
9)	10)

자신이 만나고 싶은 사람들을 써 보세요.

1)	2)
3)	4)
5)	6)
7)	8)
9)	10)

자신이 가지고 싶은 능력을 써 보세요.

1)	2)
3)	4)
5)	6)
7)	8)
9)	10)

자신이 배워 보고 싶은 것들을 써 보세요.

1)	2)
3)	4)
5)	6)
7)	8)
9)	10)

자신이 가 보고 싶은 장소들을 써 보세요.

1)	2)
3)	4)
5)	6)
7)	8)
9)	10)

자신이 도와주고 싶은 대상들을 써 보세요.

1)	2)
3)	4)
5)	6)
7)	8)
9)	10)

[예시들 1]

갖고 싶거나 경험하고 싶은 것들	
책(장르 불문) 집필 및 출간	영화에 출연하기
노래 피처링 하기	남아수독 오거서(엄청난 독서량)
라디오 진행자 되기	희망을 주제로 한 강연 혹은 강의
노벨 평화상 수상하기	가족 같은 동료와 아르바이트 하기
외제차 소유하기	외국인 친구 사귀어 보기
파워 블로거 되기	상류층들의 사교모임에 참가해 보기
멋진 몸매 완성하기	청소년들을 대상으로 한 캠프 열기
억대 연봉자 되어 보기	세계적인 패션축제 참석하기
공모전에서 1등 해 보기	〈타임즈〉의 영향력 있는 100인에 들기
작곡해 보기(자작곡 만들기)	직장인밴드 활동하기
세무/ 회계사 자격증 취득	정기적인 기부하기
청소년 문화센터 설립하기	행복하게 삶을 마감하기
TV프로그램 진행자 해 보기	아프리카에 백신 공급
판타지 소설 써 보기	해외에서 일하기
사회인 야구단 창설	화술로 100명 이상 감동시키기
한국 청소년 대안학교 설립	장학금 지원
JEEP 차 갖기	십일조 1억 이상 내기
국회의원 되기	백옥 피부 만들기
캠핑장 만들기	중국 사막에 나무 만 그루 심기
미국 석·박사 학위 취득	독도 지키기 활동에 참여하기
조종 자격증 취득	발해사 왜곡 바로잡기
축구 심판 자격증 취득	문화재 직접 발굴
나만의 논문 쓰기	네이버 검색어 1위에 오르기
나의 박물관 세우기	개그맨 공채에 도전
국가 훈장 받기	외규장각 도서 반환에 힘쓰기
자서전 쓰기	동북공정 바로잡기
심리학 박사 되기	세계 모든 면 요리를 먹어 보기

[예시들 2]

일생 동안 배우거나 가 보고 싶은 곳	
춤 배우기	번지점프 해 보기
요리 배우기	자전거여행 떠나기
DSLR 배우기	국토대장정 해 보기
바둑, 장기 배우기	일본 가서 모스버거 먹기
태권도 배우기	제주도 올레길 투어
패러글라이딩 해 보기	뉴욕에서 1년 이상 살아 보기
스킨스쿠버 해 보기	세계 제일의 크루즈 여행하기
피아노 배우기	우주여행 하기
드럼 배우기	각국의 대표 음식 먹기
유도 배우기	장구 메고 유럽일주
기타 수준급 실력 갖추기	일본 4개도 배낭여행
커피 제조법 배우기	30일 동안 자전거 타고 전국일주
근현대사 파헤쳐 보기	경비행기 타고 세계일주
스카이다이빙	히말라야 정복
영어 동시통역 자격증 따기	유우니 사막 여행하기
중세 역사에 대해 깊이 공부하기	아무런 계획 없이 국내 여행
교회사 공부하기	그랜드캐니언 여행
웨이크보드 배우기	하프 마라톤을 쉬지 않고 완주
사격 배우기	5대호에서 보트타기
미국 유학 가기	아프리카 오지 탐험
다른 나라의 문화 이해하기	"반지의 제왕" 뉴질랜드 촬영장 가기
스노보드 타기	국내 기차 여행
서핑 배우기	바티칸 가 보기
발레 배우기	가족들과 발리로 여행가기
수영 배우기	국회의사당에 서 보기
제빵 배우기	7성급 호텔에 투숙하기
독일어, 불어, 영어 완전 마스터하기	달에 가서 발자국 찍기
사람을 구할 수 있는 능력 (응급 처치, 심폐소생술 등)	스포츠카 타고 시원하게 드라이브하기

자녀와의 힘겨루기에
승자는 없다

🦋 사회가 다양해진 만큼
욕구도 다양해진 아이들

예전에 비해 자녀들이 예체능 분야를 꿈으로 많이 말한다. 그도 그럴 것이 자녀들이 예체능 분야를 접하는 경험이 늘었기 때문이다. 어린 자녀들이 경험하는 예체능은 축구, 태권도, 수영, 검도, 스케이팅, 골프, 피아노, 바이올린, 미술, 바둑, 요리 등으로 다양하다. 부모는 자녀에게 협동이나 배려, 인내 등의 인성이나 학습을 위한 체력과 집중력, 자신감 등을 키워 주기 위한 목적으로 학원이나 문화센터에 보낸다. '잘하면 좋겠지만 못해도 괜찮다'는 마음으로 인생에서 취미를 만들어 주는 정도로 생각한다.

그런데 자녀가 예체능 분야에 두각을 나타내거나, 몰랐던 재능을 발견하여 예체능 분야를 꿈으로 말하기 시작하면, 부모는 당황하며 경우에 따라서는 자녀와 힘겨운 줄다리기를 벌인다.

이러한 갈등의 빈도는 점차 늘어나는 추세다. 부모는 자녀가 공부를 잘하기 바라지만, 욕구가 다양해지는 자녀는 다른 길도 얼마든지 찾아갈 수 있다고 생각하기 때문인데, 이는 관점의 충돌, 가치관의 차이에서 비롯되며 한편으로 세대차이라고 말할 수도 있다. 우리 사회는 공부라고 하는 획일적인 가치관의 사회에서 다양한 욕구를 추구해도 나쁠 것이 없는 다양성의 사회로 변모하는 과정에 있다. 지금은 과도기이며, 이러한 시대의 변화를 부모들이 따라잡는 데는 시간이 필요한 듯 보인다. 그러한 간격의 크기만큼 부모와 자녀 간의 줄다리기는 잦아질 수밖에 없는데, 안타깝게도 이러한 줄다리기에서 가장 큰 피해자는 자녀이며 동시에 부모다.

🦅 좋아하고 잘한다면
아이의 의지를 믿어 보자

중3 유진이는 그림에 재능이 많고, 그림 그리는 시간이 세상에서 가장 행복하다. 성적도 중상위권을 유지하고 자기에게 주어진 책임은 빈틈없이 처리하는 모범생으로서, 캐릭터 디자이너를 꿈꾸고 있다.

문제는 부모님의 극심한 반대였다. 부모님은 모두 학교 선생님이었는데, 유진이가 영어 교사가 되길 원했다. 유진이가 집에서 그림을 그리고 있으면 부모들이 붓과 팔레트를 빼앗고 도화지를 갖다 버릴 정도로 싫어했다.

"부모님한테 미술대회에서 받은 상을 보여 드린 적이 없어요. 제가 얼마나 잘하는지 인정받고 싶지만, 공부 안 하고 그림만 그린다고 부모님이 화내실까 봐 무서워요."

담임인 박 선생님은 이런 상황이 많이 안타까웠다. 교사라면 학생의 소질과 적성을 발견하여 특성에 맞는 진로를 선택하도록 도와줘야 하는데, 자기 자식에게는 평정심을 유지하기 어렵구나 하는 생각도 했다.

박 선생님은 미술 선생님에게 유진이의 가능성을 알아보았다. 미술 선생님은 유진이의 재능과 적성이라면 미술 쪽으로 진로를 정해도 충분하다는 의견을 주었다. 그 의견을 듣고 박 선생님은 유진이 어머니와 상담을 했는데, 어머니는 유진이가 미술에 소질이 많다는 사실을 잘 모르고 있었다. 미술대회에서 받은 상들에 대해 어머니에게 얘기하지 않았기 때문이다.

미술 선생님이 유진이의 적성과 소질을 인정했다고 하자 유진이 어머니는 어느 정도 수긍하는 표정이 되었다. 그리고 미술을 전공했을 때 다양한 직업을 선택할 수도 있다는 이야기를 나누었다. 석 달 뒤 유진이는 본인이 원하는 미술학원에 다니게 되었고, 자신의 꿈을 향해 행복한 경주를 시작하게 되었다.

A와 B 둘 중에 어느 것이 나을지 선택하는 것은 항상 어렵다. 미래

에 유진이가 캐릭터 디자이너가 될지 아니면 영어 교사가 될지 지금으로서는 결과를 알 수 없다. 한 가지 확실한 사실은 어떠한 선택을 하더라도 자녀가 어떤 마음으로 도전하느냐가 중요하다. 만약 자신의 선택이 부모에 의해 일방적으로 꺾여 버린다면, 관계 단절을 가져올 수도 있고, 자신의 꿈이 어떻게 되어도 상관없다는 식으로 자포자기하는 최악의 상황이 될 수도 있다.

🕊️ 이것도 잘하고 저것도 잘하면 어떤 길을 가야 할까?

공부에 재능이 없다면 예체능 분야를 꿈꾸는 자녀를 응원해 주기가 차라리 쉬울지도 모른다. 부모의 딜레마는 자녀가 이것도 할 수 있고, 저것도 할 수 있어 보일 때 발생한다. 어떤 선택하더라도 자녀와의 충분한 대화가 우선이다. 자녀의 의견을 일방적으로 무시해 버린다면 최악의 경우 자녀가 자신감을 잃어버릴 수 있으며 인생에서 꿈이 사라져 버릴 수도 있다.

앞의 사례에서 유진이가 영어 교사의 길을 선택하더라도 부모의 일방적인 강요라면 곤란하다. 원하는 꿈을 존중받지 못한 경험은 유진이에게 씻을 수 없는 상처로 남을 가능성이 크다.

대학생 중에는 어린 시절에 부모의 강압으로 꿈이 꺾여 버린 상처를 안고 있는 학생들이 제법 많다. 시간이 지나도 이러한 상처는 좀

처럼 아물지 않는다.

관계가 심하게 틀어져 버리면 꿈을 꺾어 버린 부모에게 반항하는 심정으로 멀쩡하게 잘해 오던 공부까지도 손을 놓아 버리는 경우가 더러 발생한다. 부모를 원망하면서 의욕 없이 하루하루를 흘려보내는 대학생들을 상담하게 되면 속으로는 간담이 서늘해진다. 부모의 강압적인 의사소통이 이런 불행을 초래할 줄 미리 알았더라면, 그 부모는 그렇게 행동했을까? 시간을 되돌린다면, 그 부모들은 어떻게 행동하면 좋을까?

정답은 없겠지만 무엇을 선택하든지 자녀가 제 흥에 겨워서 노력하는 것이 좋다. 예를 들어 공부를 하더라도 도살장에 끌려가듯 억지로 하는 공부가 아니라, 공부하는 과정에서 즐거움을 맛보는 공부가 되어야 한다. 공부든, 운동이든, 음악이든, 미술이든 본인이 좋아하는 활동이라야 기본적으로 최선을 다할 수 있으며, 노력하는 과정에서도 행복할 수 있다. 그리고 그 노력의 결과를 받았을 때의 성취는 아이의 성장에 큰 자양분이 된다.

만일 노력하는 과정에서 어려움을 만나게 되더라도 극복하기 위한 에너지를 분출할 수 있다. 자신이 원하는 꿈이 아니라 누군가의 지시로 설정된 꿈이라면, 노력하는 과정에서 조금이라도 힘들어지면 불평하고 원망하면서 쉽사리 포기할 수도 있기 때문이다.

박 교수의 딸 민선이는 중학교 2학년이다. 사춘기인 민선이는 공부가 싫다고 대놓고 말하면서 요리를 배우고 싶다고 조르기 시작했다. 박 교수 부부는 딸을 한사코 말렸다.

"공부가 아무리 힘들어도 그렇지, 남들이 취미로 하는 활동을 중학생 때부터 해서야 되겠니? 요리는 나중에 커서도 얼마든지 할 수 있는 일이란다."

민선이는 뜻을 굽히지 않았고, 날마다 부모와 실랑이를 벌였다. 박 교수는 못 이기는 척하면서 여름방학 동안 요리학원에 다니는 것을 허락해 주었다.

민선이는 일주일에 네 번씩 요리학원에 가서 밤 9시가 넘어 돌아오면서도 전혀 피곤해하지 않고, 오히려 재미있어 했다. 2학기가 시작되어 공부하라고 요리학원을 쉬게 했더니 공부에는 전혀 집중하지 않고 맴돌기만 했다. 그 후 겨울방학이 되자 다시 민선이는 요리학원을 즐겁게 다녔다.

그러는 동안 박 교수의 생각이 조금씩 바뀌기 시작했으며 요리학원 선생님과 상담도 해 보았다. 박 교수는 민선이가 좋아하는 것을 밀어주기로 한 발 뒤로 물러났으며, 민선이는 학교 공부를 열심히 하는 조건으로 학기 중에도 요리학원에 다니고 있다. 집안은 확실히 평온해졌다. 민선이가 만든 요리를 함께 먹으면서, 박 교수는 자신의 인생을 찾아가는 민선이가 대견하게 여겨지기도 했다.

원하는 꿈을 부모님께 인정받은 민선이는 표정이 한결 밝아졌으며, 가족들로부터 지지를 받고 있기에 자신감도 솟아났다. 민선이는 요리 공부에도 박차를 가하여 평균 6개월 걸린다는 필기, 실기 자격증 시험을 정확하게 3개월 2주 만에 통과했다. 자신이 좋아하는 일이니 열정을 쏟을 수 있었던 것이다. 중간고사 기간에는 요리학원에서 돌아와서 밤늦도록 공부하고 주말에는 독서실에서 학교 공부에 열중한다.

박 교수는 자신이 어려서부터 우등생이었으니 당연히 자녀도 공부를 잘할 것으로 내심 기대했다. 그런데 막상 자녀가 공부가 아닌 다른 길을 선택하겠다고 나오니까 받아들이기가 쉽지 않았던 것이다. 자존심이 아무리 상해도 부모가 생각을 바꾸지 않으면 상처 입는 사람은 결국 자녀라는 사실을 마주하면서 박 교수는 생각을 정리해 나갔다. 자녀의 행복이 우선이라는 당연한 사실을 받아들인다면 선택은 달라질 수 있다.

🦋 억지로 버린 꿈은 평생 아쉬움으로 남는다

자녀들이 개그맨, 연기자, 가수, 뮤지컬 배우 등 연예인을 꿈꾸는 경우도 많다. 이러한 경우에 어떻게 대처하면 좋을지에 대한 정답은 없다. 자녀가 연기자나 가수가 되고 싶다고 선언한다면 누구라도 당황스러울 것이다.

무엇이 결과적으로 옳은 선택일지는 모르겠지만, 한 가지 당연한 사실은 어떤 선택을 하더라도 자녀와 충분히 대화해야 한다는 사실이다. 부모가 열린 마음으로 대해 줌으로써 자녀로 하여금 사랑받고 있다는 느낌을 주어야 한다. 우리의 목적은 자녀의 꿈을 꺾는 것이 아니라 더 큰 사랑을 자녀에게 부어 주는 것이어야 한다. 자녀가 가정에서 인정받지 못하여 자존감을 상실해 버리는 불상사는 없어야 한다.

얼마 전 나는 은행에 근무하는 지인과 대화를 나눈 적이 있다. 초등학교 3학년 때 그는 시인이 꿈이라고 말했는데 그 말에 부모님이 쓴웃음을 지었다. 초등학교를 졸업할 때 그는 '시인 겸 화가'를 꿈으로 말했는데 그때도 역시 부모님은 쓴웃음을 보였다. 학업 성적이 괜찮았던 그에게 부모님은 의사가 되기를 원했다. 그리고 그가 중학생이 되었을 때 미술 선생님으로부터 문화계의 충격적인 뒷이야기를 듣게 되었다.

"남자가 그림을 전공해서 취업 자리를 찾아 봤자 학교나 학원의 선생이야. 그리고 화가나, 작가, 시인, 소설가는 힘든 직업이야. 자리 잡는 데 돈 들고, 안면 트는 데 돈 들고, 그림을 그리는 데 돈 들고. 그러고 나면 남는 게 없어. 너는 딴 생각하지 말고 공부를 열심히 해라."

그때 그는 꿈이 사라지는 기분을 느꼈으며, 꿈을 정하지 못한 채 대학생이 되었고, 직장인이 되었다. 그는 체념한 듯 말한다.

"꿈이란 것은 말 그대로 꿈인 것 같아요. 꿈을 꾼다고 이루어지는 건 아니잖아요? 평범한 집안에서 태어난 저에게 꿈 같은 건 사치예요. 직장인으로 살기에도 정신이 없어요."

만약 그가 '시인 겸 화가'라는 어린 시절의 꿈을 포기하지 않고 지금까지 추구해 왔다면 그는 현재 어떤 모습일까? 먹고살 길을 찾지 못해 실업자 신세를 전전하고 있을까? 인생이 절단 나 버렸을까?

행복하고 가슴 뛰는 꿈을 추구하는 자부심은 그 무엇보다 값진 경험이다. 은행에서 근무하는 것보다 월급은 적을 수 있겠지만, 자신에게 꿈은 사치라는 비관적인 생각보다는 좀 더 긍정적인 안목으로 삶을 살고 있을지도 모른다. 인생에서 꿈이 꺾여 버린 상처를 가슴에 품은 채 더 이상 꿈꾸지 못하는 지금의 모습이 어쩌면 생각할 수 있는 최악의 상태는 아닐까? 그때의 부모님이나 선생님은 그가 지금과 같은 생각으로 인생을 살아가기를 바라셨던 것일까?

취직이 어렵다는 이유로 꿈을 일언지하에 꺾어 버리는 부모의 행동이 자녀를 망가트리고 있지는 않은지 생각해 볼 일이다. 꿈이 꺾여 버린 자녀는 의욕마저 잃기 쉽다. 부모에 의해 일방적으로 꿈이 꺾여 버린 상태에서 부모가 원하는 공부에 전념하기는 상식적으로 불가능하다. 꿈을 존중받지 못하는 자녀가 부모의 바람을 수용할 만큼 마음의 여유를 가지기는 쉽지 않기 때문이다.

그러므로 무엇을 선택하든 본인이 결정해야 한다. 그래야 후회가 남지 않으며 최선을 다할 수 있고 본인이 결과를 책임질 수 있다. 또한 자신이 원하는 꿈을 추구할 때 그 과정에서 의미를 발견하고 행복할 수 있으며, 더 나은 결과를 얻을 수 있다.

꿈을 좇는 삶 vs
현실을 따르는 삶

좋아하는 일은 힘들지 않다?

"어떻게 사람이 항상 좋아하는 일만 하면서 살 수 있나요? 돈을 벌기 위해서는 싫은 일도 해야 하는 것 아닌가요?"

마음속으로 이처럼 항변하는 독자들이 있을 수 있다. 좋아하는 꿈을 추구하자는 말을 듣게 되면 '싫은 일에는 일절 손대지 말자'라는 책임 회피 정도로 오해하는 경우가 많다. 그러한 질문에 나는 이렇게 반문하고 싶다.

"좋아하지도 않는 일을 하면서 일평생을 살아가는 것은 너무 고통스러운 일 아닌가요?"

사람들은 '좋아한다'는 감정에 대한 환상을 품고 있는 듯하다. 그래서 이렇게 생각하는 것이다. '좋아하는 꿈을 추구한다면 노력하는 과정에서는 항상 즐겁고 고통스럽지 않을 거야'라거나, '고통스러울지라도 그렇게까지 힘들지는 않을 거야'라는 환상을 품는 경우가 많다.

좋아하는 꿈이라고 해서 365일 항상 즐거울 거라고 기대한다면 이는 오산이다. 분명히 알아야 할 사실은 아무리 좋아하는 꿈일지라도 그 과정에서는 고생을 감수해야 하며, 성장하기 위해서는 자신을 채찍질해야 하고, 경우에 따라서는 지긋지긋하게 싫어지는 순간들을 경험할 수 있다는 것이다.

다른 한편으로 '좋아한다'라는 감정을 스스로 억압하는 경우도 많다. 예를 들면 이렇게 생각하는 것이다. '이 정도로는 좋아한다고 말할 수 없어. 박지성이 축구를 좋아하는 것이나, 피겨의 김연아 정도는 되어야 좋아한다고 말할 수 있지'라는 식으로 좋아하는 것에 대한 스스로의 감정을 묵살해 버린다. 과연 얼마나 좋아해야 좋아하는 것일까? 먹고 자는 것을 잊을 정도로 몰입해야만 좋아한다고 말할 수 있는 것일까?

'좋아한다'는 감정에 대해 잘못된 환상을 품을수록, 우리는 어떤 분야를 좋아한다고 말하기가 부담스러워진다. 그래서 무엇을 좋아하는지 물으면 '모르겠다'라고 답해 버리고, "어떻게 사람이 좋아하는 일만 하면서 살 수 있나요?"라는 식으로 항변하는 것인지도 모른다.

'좋아하는 꿈을 추구하자'라는 말에 대한 환상을 걷어내길 바란다. 가급적 홀가분한 마음으로 생각을 지속하길 바란다. 만일 '좋아한다'는 감정에 대한 환상에서 벗어나지 못한다면 우리는 자신이 좋아하는 것을 스스로 무시할 가능성이 높으며, 또한 자녀가 어떤 분야를 좋아한다고 말하더라도 묵살해 버릴 가능성이 높다.

자녀를 위한 행동이 자녀를 아프게 한다

고3 아들을 둔 어머니로부터 문의전화를 받은 적이 있다. 아들의 수능 시험 점수로 어느 학과에 지원할지를 고심하는 어머니는 내게 경영학과, 행정학과, 경제학과 중에서 어디가 취업이 잘 되는지 물었다.

"교수님, 어느 학과가 가장 전망이 좋을까요? 저는 공무원이 되면 좋을 것 같은데 아이는 결정을 못 내리고 있어요. 이런 가능성들을 종합적으로 판단해 보면 어느 학과가 가장 좋을까요?"

"아드님은 어느 학과에 진학하더라도 크게 상관없을 것 같아요. 어느 학과에 가더라도 본인이 열심히 하면 대기업에 취업할 수 있고 금융회사에도 취업할 수 있답니다. 공무원 시험에도 응시할 수 있어요. 그런데 아드님은 어떤 분야를 좋아하나요?"

"아이가 컴퓨터를 좋아해서 그쪽을 공부해 보고 싶다고 몇 번 말한 적이 있어요. 그런데 문과생이 공대로 교차 지원하면 점수에서 손해를 보잖아요. 또 문과생이 공대 수업을 따라갈 수나 있겠어요? 그리고 컴퓨터공학은 3D 업종으로 평가받지 않나요?"

어머니는 애써 동의를 구했지만 나는 전혀 동감하지 않았다. 문과생이라고 해서 공대 수업을 따라가지 못할 이유는 없다. 수업이 아무리 어려울지라도 본인이 원하는 공부라면 젊은 열정으로 밤을 새워서라도 노력할 수 있다. 컴퓨터 분야로 성공하기 어렵다고 누구도 장담할 수 없다. 컴퓨터 분야는 앞으로도 지속적으로 발전할 것이다. 페이스북의 창업자 마크 주커버그는 30대 초반에 세계적인 CEO가 되었으며, 중국 최대의 온라인 쇼핑몰 알리바바닷컴의 창업자 마윈 회장은 젊은 시절에 영어 강사와 관광 가이드로 생계를 유지했지만, IT 분야로 50대 초반에 아시아 최대 자산가로 등극했다.

컴퓨터 분야에서 이러한 인물들이 더 이상 나오지 못할 이유는 없다. 컴퓨터 분야에서 성공하기 어렵다는 것은 어머니의 편견일 뿐이다. 아들과의 대화에서 어머니는 답을 정해 놓은 듯했다. 게다가 어머니는 아들의 꿈을 억압하고 있다는 사실조차 인식하지 못하고 있었다.

정의로운 철학자들이 제시하는 기본적인 명제는 바로 이것이다.

'목적이 정당하다면 수단도 정당해야 한다.'

아무리 순수한 동기에서 출발할지라도 아무 수단이나 동원해서는 안 된다. 예를 들어 고아원을 돕겠다는 명분일지라도 도둑질이나 약탈을 저질러서는 안 되는 것이다. '자식의 행복을 위해서'라는 명분은 지극히 정당하지만, 자식의 의사를 존중하지 않는 것은 분명히 잘못된 수단이다. 목적이 정당한 만큼 수단도 정당해야 한다.

🦋 현실과 꿈은 양자택일의 문제가 아니다

내 수업을 듣는 대학생 정진이가 어느 날 찾아와서 조심스레 질문을 던졌다.

"현실적으로 대학생들에게는 꿈보다는 취업을 위한 당장의 토익 점수가 더 절실한 것 아닌가요? 토익을 뒤로 하면 취업이 거의 불가능한데 그래도 꿈을 추구해야 하나요?"

정진이처럼 꿈과 현실을 이분법적인 대상으로 인식하는 사람들이 의외로 많다. 꿈을 좇는다면 눈앞의 현실은 부정되고, 현실을 추구한다면 꿈을 포기해야 한다는 식으로 극단적으로 생각하는 것이다. 이는 전형적인 흑백논리이며 이분법적 사고다. 꿈과 현실을 양자택일의 대상으로 인식할 필요는 없다.

꿈과 현실은 동떨어진 것이 아니다. 꿈 찾기 프로젝트를 진행하면서 매번 확인하는 사실인데, 자신이 진정으로 원하는 꿈을 가지면 눈앞의 현실에 더 열중하는 경향이 있다. 대학생이 꿈을 가지면서 학점이나, 토익 점수, 봉사활동, 자격증 등에 더 열정적으로 도전하는 모습들을 확인할 수 있다. 반대로 원하는 목적이 없다면 열정이 약하고, 학점이나 영어 공부에 최선을 다하고 싶어도 마음이 없으니 최선을 다할 수가 없는 것이다. 당장 취업해야 하니까 쫓기듯 남들을 따라 할 뿐이다.

어떤 독자는 이메일을 통해 정진이와 비슷한 질문을 던지는데 요약하면 다음과 같다. '(A) 좋아하는 꿈을 향해 노력할 것인가? (B)

현실에 순응하면서 꿈과 상관없는 삶을 적당히 살 것인가?'

독자는 (A)와 (B)를 놓고 고민하는 듯한 메일을 보냈지만 마음속으로는 결론을 내리고 있었다. (B)를 선택하는 쪽으로 말이다. 꿈은 꿈일 뿐이며 눈앞의 현실에 순응할 수밖에 없지 않느냐고 나에게 동의를 구하고 싶은 것이다.

꿈과 현실은 왜 서로 적대적이어야 하는가? 사람들은 가슴 뛰는 꿈을 통해서 오늘의 일상에 더 충실할 수 있다. 꿈이 생기면 동기부여가 되어 학생들은 공부에 더 매진하고, 직장인들은 업무에 더 열중하며, 가정주부들도 가정을 더 사랑으로 보살필 수 있다.

꿈이 현실을 외면하게끔 부추긴다면 그것이 제대로 된 꿈인지부터 다시금 들여다보아야 한다. 꿈과 현실을 괴리시키는 이분법적인 사고 속에서의 꿈이라는 존재는 현실을 회피하게 만드는 훼방꾼에 지나지 않는다.

정진이는 원래 어린 시절부터 피아노를 연주하는 음악가를 꿈꾸었다고 한다. 그러나 집안 사정이 어려워지면서 꿈을 포기하고 경영학과에 진학하였다. 정진이는 구체적인 질문을 던졌다.

"교수님, 지금의 공부를 중단하고 음악의 길로 가야 할까요? 아니면 음악가의 꿈을 접고 취업에 전념해야 하는 걸까요?"

나는 학업을 중단하지 않고 음악가의 꿈도 포기하지 않는 제3의 방안도 가능함을 말해 주었다. 생각하기에 따라서 취업 준비와 음악이 공존할 수도 있지 않을까? 음악 분야 회사의 경영지원 파트에 취업할 수 있다. 음반이나 공연 등을 기획하고 관리하는 업무를 맡을 수도 있다. 경영학을 전공했으면서도 음악의 매력을 이해하는 사람이 필요한 분야가 어딘가에는 존재할 것이다. 훗날 음악 관련 회사를 창업할 수도 있다. 연주는 꾸준히 병행해도 될 것이다. 전문적인 프로 연주자가 되지 못할 수도 있겠지만, 음악을 하면서 경영학적 마인드를 가졌다면 자기만의 강점이 될 수 있는 것이다. 따라서 자신의 어릴 적 꿈과 완전히 결별해야 할 이유가 없다.

아무리 생각해도 프로 연주자가 되지 않고는 도저히 견딜 수 없다면 지금이라도 떠남을 과감히 결단할 수도 있다. 하지만 지금 정진이는 학업을 중단할 마음이 없다. 꿈과 상관없이 취업을 준비해야 한다고 스스로를 다독이고 있을 뿐이다. 나는 정진이에게 눈앞의 현실을 회피하지 말고, 그 속에서 꿈을 추구할 가능성들을 치열하게 고민해 보고 오늘의 하루를 의미 있게 살아내라고 말해 주었다.

꿈은 현실과 공존할 수 있으며 오늘을 더 의미 있게 살도록 이끌어 줄 수 있다. 그림을 좋아해서 화가가 되고 싶은 사람이 있다고 생각해 보자. 소질을 꽃피워서 전문 화가가 되어도 좋을 것이며, 그렇지 못하더라도 재능을 살려서 제품 디자인이나, 패션 디자인, 웹 디자인, 광고 및 영상 제작, 그래픽 등의 분야에서 종사할 수도 있다.

일반적인 회사원, 은행원, 공무원 등 그림과 무관해 보이는 분야에 종사하더라도 자신의 미적 감각을 발휘할 부분이 있을 수 있다. 유연하게 생각해 보면 삶의 차원은 그만큼 넓어지고 풍성해질 수 있다.

사양기술이 있을 뿐
사양산업은 없다

우리는 여전히 신발을 신는다

지연이의 아버지는 부산에서 카페를 운영하고 있다. 아버지의 영향을 받은 탓인지 지연이도 커피에 관심이 많다. 하지만 지연이의 아버지는 그러한 지연이를 만류하며 다음과 같이 말씀하셨다고 한다.

"아버지는 커피 분야는 전망이 어두우니 다른 길을 찾으라세요. 가게들이 많이 생겨 경쟁이 치열해져서 사실상 포화 상태라고요. 그러니 그냥 공부 열심히 해서 회사에 들어가라고 하시네요."

내가 보기에도 요즘 커피업계는 포화 상태다. 직장을 은퇴한 사람들의 상당수가 커피점을 열고 있으며, 프랜차이즈 커피점도 우후죽순 생겨나고 있다. 사람들은 커피 업계의 전망이 어둡다고 입을 모아 말한다. 10년 전만 해도 커피를 만드는 '바리스타'는 유망 직업이었으나 불과 몇 년 사이에 전망이 어두워졌다.

전망이 어두운 분야를 우리는 '사양산업(斜陽産業)'이라고 부른다. 흔히 사양산업으로 섬유 산업, 신발 산업 등을 꼽는다. 섬유 산업, 신발 산업은 1960~70년대 대한민국의 경제성장을 이끌었던 효자 산업이었다. 1980년대를 지나면서 수익성이 악화되자 사양산업이라 하면서 사람들은 이 분야에서 떠나기 시작했다.

하지만 생각해 보자. 섬유나 신발 산업이 과연 '사양'될 수 있을까? 우리는 언제나 옷을 입으며, 신발을 신는다. 인류 문명이 심각한 위기에 봉착하지 않는 이상 우리는 앞으로도 옷을 입고, 신발을 신을 것이다.

이탈리아의 섬유회사들은 얇고 가벼우면서도 추위나 더위에 강하고, 습기는 막아 주고 땀을 배출하는 고기능성 신소재의 옷들을 개발했고, 이를 통해 고수익을 올리고 있다.

신발은 또 어떤가? 용도별로 종류가 다양하다. 등산화, 러닝화, 농구화, 테니스화, 골프화, 축구화 등으로 기능이 다양하면서도 디자인도 세련되고 무게도 가벼워졌다. 아프리카 사람들의 발 모양을 모형화했다고 선전하는 건강 보조 신발의 경우는 판매되는 가격도 만만치 않다. 섬유나 신발 산업은 더 이상 사양산업이 아니라, 인체공학 기술이 접목되는 최첨단 산업이라고 할 만하다.

경영학 분야에서 전해지는 명언이 있다.

"사양산업은 없다. 사양기술이 있을 뿐이다."

섬유나 신발은 절대로 사양될 수 있는 산업이 아니다. 다만 60~70년대 섬유나 신발을 생산하던 당시의 노동집약적 제조 기술이 경쟁력을 잃은 것이다. 80~90년대에 대한민국은 섬유나 신발을 사양산업으로 섣부르게 판단하면서 사람들은 앞다투어 사업을 정리해 버렸다.

쉽지는 않았겠지만 연구와 개발을 통해 기술을 더 발전시켰더라면 어땠을까? 오늘날까지 섬유나 신발을 계속 연구하고 만들어 왔다면 어땠을까? 우리도 외국 못지 않은 기술력을 갖추어 고수익을 올리고 있을지도 모를 일이다.

🦅 문제는 포화 상태가 아니라 꿈이다

우리나라 사람들은 치킨을 꽤나 좋아한다. 동네마다 치킨 가게들이 적어도 하나씩은 있다. 내가 대학을 다녔던 1990년대 중반에도 치킨 가게들은 골목마다 넘쳐났다. 치킨 가게들이 너무 많아서 더 이상 새로운 치킨 가게들이 생길 필요가 없으며, 생기지도 못할 거라고 나는 개인적으로 생각했다.

하지만 어느 날 새로운 치킨 프랜차이즈가 출현했다. 기존의 치킨 가게보다 고급스럽고 맛의 종류도 다양했다. 놀랍게도 이후에도 새로운 치킨 브랜드들이 더 많이 생겨나서 치킨 업계의 판도를 바꿔 버렸다. 어설펐던 내 예상은 완전히 빗나갔다. 이제 나는 치킨 업계가 포화 상태라고 말하기보다는 어떤 새로운 치킨이 나와서 세상을 변화시킬지 기대하는 마음으로 지켜보고 있다.

지금은 어디를 가나, 무엇을 하든 '포화 상태'의 시대이다. 60~70 년대의 기준으로 본다면 현존하는 대부분의 분야는 사양산업으로 분류될 것이다. 당시 사람들이 섬유나 신발을 과감히 정리해 버릴 수 있었던 보다 근원적인 이유는, 시선을 조금만 돌리면 돈을 쉽게 벌 수 있는 가능성들이 도처에 널려 있었기 때문이기도 했다. 대한민국이 고속 성장하던 시기였기에 더 나은 수익이 보장되는 새로운 산업 분야로 손쉽게 갈아탈 수 있었고, 그렇기에 포기도 어렵지 않았다.

하지만 지금은 다르다. 거의 모든 분야가 포화 상태이며 경쟁은 더 치열해졌다. 조금이라도 기회가 남아 있다면 찾아오는 사람들로 넘쳐난다. 어떤 분야도 쉽지 않으며 전문가들로 넘쳐난다. 이런 상황에서 우리 자녀들은 인생에서 자신만의 도전장을 내밀어야 한다.

우리 자녀들은 어떤 분야에서든 초보자로 도전하게 된다. 생존을 놓고 벌이는 경쟁에서 경험이 부족한 초심자들은 불리함을 떠안을 수밖에 없다. 그럴수록 우리 자녀들은 좋아하는 꿈에서 도전을 시작해야 할 것이다. 어느 분야든 새로운 변화는 누군가 품었던 꿈의 산물이기 때문이다. 기존의 상식을 뛰어넘는 치킨 업계의 변화는 세상에 없던 신개념의 치킨 가게를 상상했던 누군가의 꿈에서 비롯되었을 것이다.

부모는 세상의 냉혹한 경쟁이 안타까워서 자녀에게 공부를 열심히 해서 안정적인 직업인이 되라고 조언하는지도 모른다. 안타깝게도 안정적인 직업인이 되는 것 자체도 남들 따라 적당히 노력해서는 이루기 힘든 시대가 되어 버렸다.

모두가 바라는 안정적인 직업인이 되기 위해서는 극심한 경쟁을 뚫어야 가능하다. 자신의 한계를 넘어설 만큼 최선의 노력을 쏟아 부어야 한다. 그렇게까지 노력하기 위해서는 자신의 가슴을 뛰게 만드는 꿈에서 출발해야 한다.

나는 고민하는 지연이에게 이렇게 말해 주었다.

"지연아 커피 업계는 확실히 포화 상태인 것 같아. 그러나 커피 업계뿐만 아니라 다른 어떤 분야도 포화 상태야. 그러므로 커피 업계에 도전하거나 아니면 다른 분야에 도전하더라도 지연이의 꿈에서 시작해야 뭐라도 가능할 것 같아. 그래야 제대로 해낼 수 있어. 꿈을 향해 도전하면서 최선을 다한다면 무엇이든지 의미 있는 성과를 얻을 것 같구나."

자녀가 어릴수록 한 방향으로 올인하기보다 다양한 가능성을 탐색하라

오해하지 말아야 할 것은, 자녀가 어떤 것을 좋아한다고 말한다고 해서 그 분야로 무턱대고 밀어줘야 하는 것은 아니다. 본인의 능력을 전혀 고려하지 않고 단순한 소망을 말하는 경우도 있기 때문이다.

예를 들어 자녀가 피아노를 전공하기 원한다면 자녀가 그런 희망을 가지고 있음을 인정하되, 그 분야에 실제 도전하기까지는 보다면밀한 검토의 과정을 거쳐야 할 것이다. 자녀의 희망을 인정해 주는 것과 그 분야에 실제로 도전하는 것은 전혀 다른 차원의 문제다.

그러므로 부모의 입장에서는 먼저 아이의 실력을 객관적으로 평가해 줄 전문가에게 자문을 구하거나, 아이의 꿈을 실현하는 데 필요한 과정을 구체적으로 알아보고 아이와 그 과정에 대해 대화를 나누는 식으로 자녀의 열의와 잠재력, 가능성을 점검해 보아야 한다.

설령 전문가들이 자녀에게 소질이 있다고 말해 줄지라도 그 분야를 자녀의 진로로 밀어 줘야 할지는 여전히 혼란스럽다. 어린 자녀가 어떤 분야에서 두각을 나타낸다면 그것은 주로 가능성을 말하는 것이기 때문이다. 공부나 그림, 음악, 축구, 수영 등에 재능을 보인다면 자녀의 현재 실력이 수준급이라는 뜻이 아니라, 또래들과 비교했을 때의 열정이나 집중력을 평가하는 측면이 강하다. 이는 실력이 발전하기를 바라는 기대 섞인 전망이다. 자녀의 실력이 일취월장 발전할지 아니면 정체될지 알 수 없기 때문이다.

어린 자녀라면 한 분야에 전념하게 하는 것이 결과적으로 성급한 선택이었음을 확인하는 경우도 많다. 그러므로 자녀가 어릴수록 한 방향으로 올인하기보다는 다양한 가능성을 탐색하는 조심스런 접근이 필요하다. 아이로서도 자신의 가능성과 희망을 함께 고민하려는 부모를 보고 부모의 의견에 신뢰를 보일 것이다.

부모는 자녀가 무엇인가를 좋아한다고 말하면, 우선은 자녀의 취향을 인정해 주어야 한다. 그래야 자녀는 자신감을 가지고 자신에 대한 탐색을 지속할 수 있다.

스스로에게 긍정적인 감정을 가지도록 돕는 것이 무엇보다 우선이다. 이러한 긍정적인 감정으로 나누는 부모와의 대화 속에서 자신이 존중받고, 사랑받고 있다는 것을 느끼며 사회인으로 성장하는 데 있어서도 자신감을 갖게 된다.

좋아하는 일을 통해
돈을 벌 수 있음을 알게 하자

🕊 좋아하는 일 뒤에 '산업'이라는 단어를 붙여 보자

"너는 무엇을 가장 좋아하니?"

"게임이요."

"먹는 것이 제일 좋아요."

"잠자는 거요."

"만화책 보는 거요."

자녀와의 대화를 통해 꿈을 발견해 주기 위해 부모가 적극 다가가 물어도 정작 자녀들의 대답은 이런 식이다.

그러면 부모는 자신이 원하는 모범 답안이 나올 때까지 질문을 반복하고, 그래도 답변이 기대치에 미치지 못하면 나중에는 화를 내기도 한다. 게임을 좋아한다고 말하면 미래에 내 아이가 피시방을 전전하는 모습이 그려지기라도 하는 것일까?

자녀들에게 좋아하는 것을 물어보는 이유는 이왕이면 자신이 좋아하는 것과 연관된 꿈을 만들어 주기 위해서다. 자녀들도 미래를 계획할 때 다분히 현실적인 대안을 우선적으로 고려한다.

자녀들도 부자가 되고 싶고 남들만큼 안정된 직업을 선택하기를 원한다. 그런 사실을 알고 있음에도 자녀가 어떤 꿈을 말한다면, 그 꿈을 추구하는 자체가 자신에게 무엇과도 비교할 수 없는 행복이기 때문이다. 설령 그 과정이 고통스럽고 성취할 가능성이 낮음을 알고 있음에도 말이다.

부모는 자녀가 좋아하는 꿈을 추구하면서도 돈을 벌 수 있는 방안을 함께 고민해 보는 것이 좋다. 이러한 고민에는 다분히 창의적인 아이디어가 필요한데, 자녀들이 좋아하는 것 뒤에 '산업'이라는 단어를 붙여 보라.

자녀가 잠자기를 좋아한다고 말하면 '수면 산업', 먹는 것을 좋아한다면 '외식 산업', 피아노를 좋아한다면 '피아노 산업'으로 만들어 보고 그러한 산업에서 역할을 찾아보는 것이다.

자녀가 축구를 좋아한다고 해서 모두가 프로선수, 감독이나 코치가 되어야 하는 것은 아니다. 축구 산업과 관련된 직업은 무수히 많다. 축구 뉴스를 보도하는 방송국이나 신문사의 기자, 아나운서, 엔지니어, 영상 및 촬영 전문가 등이 있으며, 선수들의 건강을 관리하는 트레이너, 의료진, 간호사, 마사지사, 축구 구단을 운영하는 기획, 총무, 스포츠마케터, 홍보, 영업, 유니폼이나 축구용품을 개발하여 판매하는 기업에 취직하거나 창업할 수도 있다.

그러므로 축구를 좋아한다고 해서 반드시 체육학과에 진학해야 하는 것도 아니다. 경영학과, 디자인학과, 방송 관련 학과, 의대, 공대 등등 어떤 학과에 진학하더라도 축구와 관련된 삶을 개척할 수 있다.

축구를 사랑하는 사람이 기자가 되어 축구 관련 기사를 쓴다면, 삶에서 더할 나위 없는 만족을 느낄 것이다. 축구 경기를 관람하고 보도자료를 작성하거나, 선수들을 만나서 인터뷰하는 일에서 기쁨을 만끽할 수 있다. 자신이 좋아하는 일이므로 매진할 수 있고 그로 인해 전문성을 쌓을 수 있다. 그러한 결과로 승진도 하고 연봉도 오를 수 있다.

축구와 관련해서 잘 먹고 잘 사는 길은 얼마든지 찾아낼 수 있다. 축구선수나 감독이 되지 못한다고 해서 반드시 백수로 지내야 하는 것은 아니다.

🦅 내 아이가 만날 10년 후를 보자

자녀가 음악이나 미술, 체육, 게임, 요리 등을 선택할지라도 '잘 먹고 잘 살지 못할' 이유는 어디에도 없다. 좋아하는 산업에서 취직할 기회는 많으며 경우에 따라서 전문적인 회사를 창업할 수도 있다.

지금의 부모 세대는 '자신이 좋아하는 분야에서 직업을 찾을 수 있다'라고 교육받은 적이 없다. 그러나 자녀들이 살아갈 미래는 지금과는 다른 세상이다. 분명 훨씬 더 다양한 가치들이 일반화되어 있을 것이다. 그러므로 부모의 협소한 사고방식, 가치관을 자녀에게 강요해서는 곤란하다.

지금부터라도 "네가 좋아하는 분야에서 꿈을 만들어 보자"라는 열린 마음으로 대화해야 한다. 설령 그것이 게임이나, 먹는 것, 자는 것, 만화 등으로 한심하고 시간 낭비로 보이는 어떤 것일지라도 말이다. 부모가 자신이 한 말에 대해 진지하게 받아들여 주면 아이도 설령 그것을 쉽게 말했더라도 진지하게 자신을 탐구하고 개발하려 노력할 수 있다.

그리고 어떠한 분야든 전문성을 쌓으려면 열심히 공부해야 한다는 사실을 알려 주자. 공부의 의미는 그렇게 발견할 수 있다. 자신이 좋아하는 분야에서 전문성을 쌓기 위한 공부라면 자녀가 "공부를 왜 해야 해요?"라는 질문을 던질 필요가 없으며, 공부의 의미를 본인이 알고 있으므로 시키지 않아도 공부에 집중할 것이다.

그러므로 자녀로 하여금 좋아하는 분야에서 직업을 찾을 수 있고, 그 직업을 통해 세상에 공헌하는 꿈을 가질 수 있음을 알려 줄 필요가 있다.

자녀가 진심으로 좋아하는 것을 물어보세요.
무엇을 말하더라도 평가하지는 마세요.

자녀가 좋아하는 것 뒤에, '산업'이라는 단어를 붙여 보세요.
자녀가 생각을 확장하도록 그 산업에 어떤 일이 있는지 설명해 주세요.

4장.
다양한 방법으로
나는 누구인가를 알아본다

자신을 파악하기는
쉬운 일이 아니다

🐾 무엇을 좋아하는지조차 모르는 아이들

3장에서는 "자녀가 좋아하는 꿈에서 시작하라"라는 주제를 다루었는데, 학생들 중에는 자신이 무엇을 좋아하는지도 잘 모르는 경우가 많다. 좋아하는 분야가 뚜렷하다면 그나마 대화가 수월할 수도 있는데, 자신의 욕구, 흥미, 적성 등을 전혀 모른다면 답답할 수밖에 없다.

어린 자녀들이 스스로를 파악하는 것은 생각만큼 쉬운 일이 아니다. 자신을 과대평가하거나, 터무니없이 과소평가하기도 한다. 성인들도 자신을 파악하기가 쉽지 않은데 자녀들에게는 더 어려운 일이다. 자녀들은 성장하는 과정에 있으며, 이제 새싹이 돋아난 정도여서 어느 쪽으로 뻗어나갈지도 가늠하기 어렵다.

홍 선생님은 담임을 맡고 있는 고1 학생들과 상담하면서 놀란 적이 있다. 문과와 이과의 결정을 앞두고 있었기에 학생들에게 어떤 흥미와 관심을 갖고 있는지에 대한 질문들을 준비했다. 처음 상담한 학생은 반에서 1등인 학생이었다. 중학교 시절부터 전교 1~2등을 놓친 적이 없는 그야말로 '엄친아'였다. 그래서 부담 없이 상담을 시작했는데 뜻밖에도 계열을 아직 결정하지 못했다고 말했다.

"이과인지 문과인지 못 정하겠어요. 제가 뭘 좋아하는지 생각해 본 적이 없어요."

홍 선생님은 그 학생이 수학에 재능을 보였으므로 당연히 이과를 선택할 것이라 생각했는데, 본인은 흥미와 관심이 무엇인지도 모르겠고 그냥 열심히 공부해 왔을 뿐이라는 것이다.

자녀가 무엇을 좋아하는지 관찰해 보자. 그리고 자녀의 관심이 무엇인지 질문을 던져 보자. 부모의 질문을 통해 자녀는 자신을 돌아볼 수 있다. 자신의 흥미, 관심, 적성이 무엇인지 자녀로 하여금 스스로 생각하게 만드는 비결이다.

관찰하면 재능이 보인다

중3을 맡고 있는 황 선생님의 반에는 또래에 비해 수업 태도나 교우 활동에서 다소 느리고 소극적인 지은이라는 학생이 있었다. 지은이는 생기가 없고 게을러 보이는데, 알고 보면 착하고 여린 학생이었다. 어머니를 만나 상담해 보니 지은이는 어린 시절부터 고열을 자주 앓았는데, 어머니는 지은이가 건강하게 자라기만 바란다고 했다.

지은이의 성적은 최하위권이어서 진학할 수 있는 고등학교가 제한적이었기에 황 선생님은 지은이의 진로가 고민이었다. 그러던 어느 날 미술 교사인 황 선생님은 대상과 물체에 대한 시각적인 표현을 창의적으로 해내는 지은이의 모습을 발견했다. 또한 그때의 지은이는 그 어느 때보다 밝고 생기 있어 보였다. 하지만 지은이가 스스로의 장점을 인식하지 못하는 상황에서 특정 진로를 강요할 수는 없었다.

황 선생님은 지은이를 불러서 질문들을 던지기 시작했다. "너는 어느 과목이 가장 재미있어?" "너는 무엇을 가장 좋아하니?" "어떤 삶을 살아가면 좋겠어?" 그러한 질문들에 답하는 가운데 지은이는 미술에 대한 관심을 표현했으며, 황 선생님도 미술적 표현에 대한 지은이의 성실성을 칭찬하면서 자신의 장점을 찾도록 도와주었다. 지은이와 함께 자신을 하나씩 발견하기 위한 활동으로 '장점 나무 그리기'를 해 보았는데, 지은이는 처음에는 주저했지만 시간이 흐르자 미술에 대한 스스로의 관심과 흥미를 발견해 냈다.

지은이가 예술고등학교에 진학하기에는 집안 환경과 미술 실력이 맞지 않았다. 그렇다고 인문계 고교로 진학한다면 적응하기 어려울 것이라고 판단하여, 선생님은 미술 계열의 직업 고등학교를 찾아보았다. 이후 보석 가공 분야의 학교를 찾았고, 이곳에 진학한 지은이는 원하는 고등학교에서 즐겁게 공부하면서 생활에서도 자신감을 얻었다고 한다.

자녀들에게는 좋아하는 것이 반드시 있다. 아이마다 뿜어내는 빛깔이나 향기는 제각각 다르다. 그러나 정작 자녀들은 자신의 흥미나 재능을 깨닫지 못하는 경우가 많다. 부모는 자녀들을 오랫동안 관찰해 왔으므로 자녀에 대해 누구보다 이해가 깊은 사람이다. 부모는 자녀가 스스로에 대한 이해의 폭을 넓혀 나가도록 도와주어야 한다. 부모는 자녀에게 구체적으로 질문을 던짐으로써 자신의 강점, 약점을 파악하도록 도와야 한다.

스스로 생각하는 힘,
사고력을 키워 주라

🐟 제 꿈을 정해 주세요?

　민수는 어려서부터 취미 삼아 수영을 배웠다. 중학생이 되었을 때 학업에 흥미를 붙이지 못하는 민수를 보고, 부모님은 민수를 수영부가 있는 중학교로 전학시켰다. 이후 민수는 자연스럽게 수영을 특기로 체육고등학교에 진학했다. 그런데 수영 실력이 기대만큼 향상되지 않았다. 민수의 기록은 제자리였으며 지역 예선에서도 번번이 탈락했다. 부모님은 다시 민수를 인문계 고등학교로 전학시켰고, 대학수학능력시험을 치르고 체육학과에 입학했다.

　민수는 군대를 다녀와서 복학했는데, 부모님의 조언을 따라 취업에 유리하다는 경영학을 복수전공으로 선택하여 교과목들을 수강하고 있었다. 민수는 경영학과 교수인 나를 찾아와서 물었다.

　"교수님, 저는 이제 무엇을 해야 합니까?"

"민수야, 너는 무엇을 좋아하니?"

"특별히 좋아하는 것이 없습니다. 하고 싶은 것도 없고, 잘하는 것도 없어요."

"……"

"저는 이제까지 제가 원해서 무언가를 해 본 적이 없어요. 부모님의 결정으로 수영을 시작했고, 부모님의 결정으로 수영을 포기하고 인문계로 전학했고, 군대를 다녀왔고, 부모님이 원해서 경영학을 복수전공하고 있어요."

"……"

"교수님, 1년 정도 휴학해 보고 싶은데, 제가 휴학하는 것이 좋을까요? 안 하는 것이 좋을까요?"

"부모님은 뭐라고 말씀하시니?"

"부모님은 휴학하지 말고 빨리 졸업해서 취직하라고 말씀하세요."

우리나라에서는 민수처럼 생각하고 말하는 대학생들을 어디에서나 쉽게 만날 수 있다. 군대까지 다녀온 20대 중반의 건장한 청년이 자신이 좋아하는 것, 하고 싶은 것이 없다면서 "저는 무엇을 해야 합니까?"라고 묻는 것은 우리나라에서 평범한 일이다. 그래도 민수는 용기 있는 친구다. 보통의 대학생들은 교수의 연구실까지 찾아와서 질문을 던지지도 않는다.

안타깝게도 민수는 자신의 흥미를 생각해 본 적이 없으며, 생각할 수 있다는 자기 인식도 부족했다. 부모님은 의사 결정 과정에서 민수와 대화하지 않았고, 결과적으로 민수는 생각하는 능력을 키울 기회를 갖지 못했다. 그러니 누군가에게 자신의 인생에 방향을 정해 달라고 부탁하는 것이다. 정도의 차이는 있겠지만 이는 민수만의 문제가 아니며 대다수 대학생들의 문제다.

🦋 흥미에서 출발하면 의미가 달라진다

대학생 승아는 어려서 피아노를 시작했다. 부모님과 상의 끝에 피아노를 전공하기로 결정하고 예술고등학교에 진학했다. 그런데 재수까지 했건만 피아노학과에 합격하지 못했고, 차선으로 관광경영학과에 진학했다. 승아는 꿈을 정하지 못하고 고민 끝에 나를 찾아왔다.

"교수님, 꿈이 없는데 어떻게 정하면 좋을까요?"

"승아는 어떤 생각들을 하고 있니?"

"관광경영학과에 입학했으니 호텔이나 여행사에 취업해야 할 것 같은데, 제 적성에 맞지 않는 것 같아요."

"승아는 무엇을 좋아하는데?"

"저는 피아노 치는 시간이 세상에서 가장 행복해요."

"승아는 꿈에 대해서 주로 누구랑 대화하니?"

"친구들과 주로 대화해요. 저처럼 재수한 친구들과 친한데 앞으로 어떻게 해야 할지 이런저런 고민들을 서로 얘기해요."

"승아야, 내 생각에는 관광경영학과에 입학했기 때문에 호텔에 취직해야 한다는 생각은 편협한 것 같아. 선배들의 행보를 따르는 것이어서 편리할 수는 있겠지만, 승아는 정작 관광 분야에 취직하는 것에 매력을 느끼지 못하고 있지 않니? 그렇다면 승아가 좋아하는 피아노를 어떻게든 살려나가는 방향으로 생각을 전환해 보면 어떨까? 피아노를 관광이나 경영과 접목하는 방안을 고민하는 편이 훨씬 가슴 뛸 것 같은데?"

경영학과에 진학했으니 금융회사에 취업하고, 전자공학과에 진학했으니 전자회사, 전기공학과에서는 전기회사, 관광학과에서는 호텔리어가 되어야 한다고 단순하게 생각하는 대학생들이 많다.

아무리 생각해도 순서가 뒤바뀌었다. 바람직한 생각의 방향은 그 반대가 되어야 한다. 과정을 거쳤으니 이런 목표를 가지겠다는 것이 아니라, 목표를 두고 과정을 정해야 한다. 전자회사에 입사하기 원해서 전자공학과에 진학하는 것, 금융권에 관심이 많아서 경영학과나 경제학과에 진학하는 것, 호텔리어를 희망해서 관광학과에 진학하는 것이 올바른 생각의 방향이다.

선택이 동일할지라도 전자는 자신의 흥미가 배제되지만, 후자는 자신의 흥미에서 출발한다는 점에서 의미가 전혀 다르다. 목적이 있고 의미가 있기 때문에 노력에 쏟아붓는 열정의 차원도 달라진다.

🦅 그냥 해 보는 도전은 최선을 다할 수 없다

경영학과 2학년 재성이는 휴학하겠다면서 인사차 나를 찾아왔다. 휴학하는 이유는 1년 동안 수능을 다시 공부해서 서울에 있는 한 대학의 경영학과를 가겠다는 것이었다. 나는 재성이에게 수능에 재도전하는 이유를 물어보았다. 2학년이 되어서 수능에 재도전하게 되었다면 뭔가 특별한 사연이 있을 줄 알았는데 재성이의 대답은 허무하게도 한마디였다.

"그냥 좀 아쉬워서요."

"예전의 수능에서 실력을 제대로 발휘하지 못했니?"

"그런 건 아니에요. 평소 성적이 나왔어요."

"부모님은 뭐라고 말씀하시니?"

"부모님도 다시 시험 쳐 보라고 허락하셨어요."

스물한 살이 된 청년이 수능에 재도전하는 이유가 "그냥 좀 아쉽다" 정도인 것에 나는 놀랐다. 더구나 1년이라는 시간을 새롭게 투자하는 의사 결정의 계기를 말하는데 불과 30초도 걸리지 않았다. 장황한 변명일지라도 결정을 내리기까지의 마음고생이나, 자존심의 상처라든가, 새로운 목표가 생겼다는 식의 설명이 있어야 할 텐데, 재성이는 그러한 근거들을 생각해야 한다는 인식이 부족했다. 더욱 놀라운 점은 그 정도 이유에도 부모님이 선뜻 경제적인 지원을 약속해 주었다는 점이다.

재성이의 의사 결정에 명분이 빈약하다는 것은 생각보다 심각한 문제다. 명분이 약하면 스스로 의미를 찾기가 힘들어지고, 미친 듯이 최선을 다하기도 어려워진다.

그냥 좀 아쉽다는 데는 그 어떠한 절박함이나 애절함도 느껴지지 않는다. 혼신을 다하는 열정을 뿜어내려면 명분이 분명해야 한다. 자신만의 절실한 스토리가 담겨야 한다. 그러한 스토리가 있을 때, 당사자는 '내가 목숨을 걸 만큼 열심히 해서 반드시 이뤄 내겠다'라고 다짐하게 되고, 그 스토리를 듣는 사람도 '이 친구는 최선을 다하겠구나. 그리고 이루고야 말겠구나'라는 생각이 들게 된다.

가장 먼저 설득시켜야 할 대상은 바로 자기 자신이다. 스스로가 납득할 만한 명분, 당위성이 분명해야 최선을 다할 수 있다. '되면 좋고 안 되어도 그만'이라면 본인조차 최선을 다하기 어려울 것이다. 그래서 나는 재성이에게 말해 주었다.

"재성아, 그 정도의 이유라면 다시 한 번 생각해 보거라. '그냥 좀 아쉽다' 정도의 이유라면 네가 최선을 다하기는 어려울 거야. 시간만 낭비할 가능성이 높아. 그럼에도 시도하고 싶다면, 네가 재시도할 수밖에 없는 절박한 이유를 적어도 열 가지는 생각해 보길 바란다."

자녀의 사고력을 키워 주기 위한 방법들

나는 내 자녀들을 깊고 넓게 생각할 줄 아는 인재로 키워 내고 싶다. 의사 선택의 기로에서 즉흥적이고 단편적인 생각보다는 문제의 본질, 핵심을 파악하는 생각의 힘, 다양한 생각과 가능성들을 머릿속에서 자유자재로 다루면서 여러 관점들을 폭넓게 감안할 수 있는 사고력을 길러 주고 싶다.

자녀의 사고력을 키워 주기 위해 내가 생각하는 원칙들이 있다.

첫째로 자녀에게 생각할 시간을 충분히 제공해야 한다. 그런 의미에서 나는 자녀들의 스마트폰 사용 시간을 제한해야 한다고 생각한다. 요즘 학생들은 조금이라도 심심해지면 스마트폰을 들여다보는데, 그만큼 생각할 여유는 줄어들게 된다.

지금의 새내기 대학생들은 중학생 시절부터 스마트폰을 들여다보기 시작했다. 대학생들의 사고 수준이 해가 갈수록 떨어진다고 교수들이 입을 모아 말하는데, 스마트폰에도 어느 정도 원인이 있는 것 같다. 이제는 유치원생들조차도 스마트폰을 가지고 다닌다. 부모들은 자녀에게 장난감을 사 주는 것처럼 스마트폰을 선물하겠지만, 이러한 행동은 자녀의 생각하는 능력을 약화시키는 지름길이다. TV 등 각종 멀티미디어와 거리를 두게 하여 심심한 시간을 늘리면 자녀들의 생각하는 시간을 조금이나마 확보할 수 있다.

자녀들의 생각하는 힘을 길러 주기 위한 두 번째 방법은 자녀들에게 질문을 자주 던지는 것이다. 자녀들에게 시시콜콜한 질문들을 꾸준히 던질 필요가 있다. 나는 통학버스를 기다리거나, 길을 걷거나, 운전을 하는 등 단둘이 있는 틈틈이 아들들에게 질문을 던진다. 예를 들면 이런 것들이다.

"이 나뭇잎은 저 나뭇잎과 왜 색깔이 다를까? 신기하지 않니?"

"겨울에는 왜 추워져?"

"비는 왜 하늘에서 내릴까?"

"세상에 가난한 사람들은 왜 생기는 걸까?"

"너는 돈이 많이 생기면 누구를 도와주고 싶어?"

과학을 좋아하고 책을 많이 읽는 큰아들은 자신의 과학 지식을 십분 활용하여 내게 설명을 하려 애쓴다. 그 설명이 맞든 틀리든 상관없다. 나는 듣고 감탄하면서 추가적인 질문들을 던진다.

"왜 그럴까?" "그렇게 되면 어떻게 되는 거야?" "항상 그렇게 되는 거야?" "반대로 작용하면 어떻게 되는 거야?" "이런 경우에는 어떻게 하면 좋을까?" 등으로 질문을 이어 나간다.

아이의 수준에 맞는 질문을 던지는 것은 쉽지 않다. 아이는 본인에게 너무 뻔한 질문이거나, 답하기 귀찮거나, 잘 모를 때는 답변을 거부하기도 한다. 이런 식으로 반응하면 한발 물러서야 한다. 아이의 표정을 살피고 대화를 이어나갈지 여부를 판단해야 한다.

당연한 것으로 받아들이는 현상이나 고정관념에 대해서 '왜 그럴까?' 의문을 품고 생각하는 사람으로 키워야 한다. 사고력을 길러 주면 자녀가 자라서도 '왜 그래야 할까?' '그것만이 유일한 길인가?' 하는 의문을 품고 생각할 수 있기 때문이다.

진로 관련 사이트 활용하기

객관적인 판단을 위한 유용한 도구들

자녀는 모든 면에서 성장 과정에 있다. 재능을 일찍 발견하는 경우도 있지만 늦게 꽃피는 대기만성형도 많다. 자녀의 성향에 대해 파악하는 것은 꿈을 찾기 위한 기본적인 준비 활동이다. 혹시라도 자녀를 도와준다는 명분으로 부모가 답을 찾아주고 싶은 마음도 들겠지만, 자녀가 직접 생각할 수 있도록 뒤로 물러나야 한다.

자녀가 생각을 정리해 나갈 수 있도록 자녀의 마음을 이해해 주고, 부모의 어린 시절 경험을 들려주는 것도 도움이 된다. 부모는 거들어 줄 뿐이다.

진로와 관련된 각종 인터넷 사이트들이 활성화되면서 학생들에게 다양한 정보를 제공하고 있다. 다양한 진로 사이트들을 활용하여 자녀의 직업 흥미, 직업 가치관, 직업 적성 등을 점검해 볼 수 있다. 다음은 부모가 활용할 수 있는 사이트들이다.

🦅 커리어넷 (http://www.career.go.kr)

커리어넷은 한국직업능력개발원에서 운영하는 가장 대표적인 진로 정보 사이트로 초·중·고등학생, 대학생, 성인, 교사, 연구자들을 위한 자료들을 제공하고 있다.

커리어넷의 첫 화면에서 '직업·학과정보'를 클릭하면, 다양한 직업들에 대한 정보, 직업인 인터뷰, 직업자료실, 학교 및 학과 정보 등의 자료들을 열람해 볼 수 있다.

커리어넷에서 '진로심리검사'를 클릭해서 들어가면 직업적성검사, 직업흥미검사, 직업가치관검사, 진로성숙도검사를 무료로 실시

할 수 있다. 직업적성검사란 자녀가 직업과 관련된 능력을 얼마나 보유하고 있는지 진단하는 것이며, 직업흥미검사는 자녀가 어떤 직업에 흥미를 느끼는지 파악하는 검사다. 직업가치관검사는 자녀가 가진 다양한 욕구 및 가치관을 살펴보는 검사인데, 그 가치관에 부합하는 직업을 탐색할 수 있도록 도움을 준다. 진로성숙도검사는 자녀가 진로에 대해 계획하고 준비하는 데 필요한 태도나 능력, 행동이 얼마나 성숙되어 있는지 알아보는 검사다.

커리어넷의 첫 화면에서 '진로상담'을 클릭하면 진로에 대한 다양한 고민에 대한 조언들을 얻을 수 있다. 커리어넷의 '커리어플래너'는 커리어 포트폴리오 프로그램으로 학생들이 희망 진로, 학습 계획 및 진로 경험 등을 온라인 상에 저장함으로써 합리적인 진로 결정을 위한 도와주기 위해 개발되었다.

'진로심리검사' 페이지에서 '진로탐색프로그램'을 클릭하면, 자신에게 맞는 직업을 추천해 주기도 한다. '진로탐색프로그램'의 '아로

플러스'는 중ㆍ고등학생들을 위한 직업 찾기에 도움을 받을 수 있으며, '아로주니어플러스'와 '아로주니어'는 각각 초등학교 고학년과 저학년을 위한 직업 찾기에 대한 조언을 얻을 수 있다.

워크넷 (www.work.go.kr)

워크넷은 고용노동부 한국고용정보원에서 운영하는 사이트로 다양한 취업 정보와 직업적성검사, 직업흥미검사, 사이버 취업상담, 사이버 채용박람회, 집단상담프로그램, 직업훈련 등을 제공하고 있다.

첫 화면에서 '직업정보ㆍ심리검사 궁금하세요?'를 클릭해서 들어가면 직업 동영상, 학과 동영상, 새로운 직업, 눈길 끄는 이색 직업, 테마별 직업 여행 등의 정보를 접할 수 있다. 청소년들을 대상으로 하는 직업심리검사 열 가지를 무료로 받을 수 있으며 온라인으로 상담도 받을 수 있다.

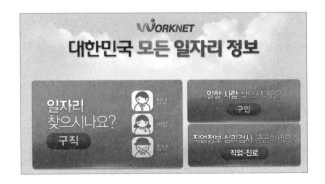

교육청에서 운영하는 진로 사이트

　각 시도 교육청에서는 진로진학 사이트를 운영하고 있는데, 지역의 초·중·고등학생들을 대상으로 대학 학과 정보, 진로 정보, 직업 정보, 사이버 상담 등을 제공하고 있다. 커리어넷의 정보들을 연계하여 진로심리검사들을 제공한다.

　초등학생들에게는 중학교 정보를, 중학생들에게는 고등학교 정보를 제공하기도 한다. 고등학생들에게는 계열별 학과 정보 및 흥미, 적성, 가치관에 따라 적합한 학과에 대한 설명을 제공하고 있으며, 입시 정보를 얻을 수도 있다.

　대부분의 자료들을 교육청 간에 공유하므로 사이트들의 형태는 조금씩 달라도 내용은 전체적으로 대동소이하다. 다만 해당 시·도 교육청에서 자체적으로 개최하는 전문가들의 특별 강연이나, 진로

캠프, 직업박람회, 대입설명회 등의 행사일정 정보들을 참고할 수 있다. 교육청별 사이트 주소는 다음과 같다.

강원진로진학지원센터	career.gwe.go.kr
경기도진로진학지원센터	jinhak.goedu.kr
경남진로진학지원센터	jinro.gnedu.net
경북진로진학지원센터	jinhak.gbe.kr
광주광역시교육청 진로진학정보센터	jinhak.gen.go.kr
대구광역시교육청 진학진로정보센터	jinhak.dge.go.kr
대전광역시교육청 진로진학지원센터	course.edurang.net
부산진로진학지원센터	dream.busanedu.net
서울진학진로정보센터	www.jinhak.or.kr
인천광역시교육청 진학진로정보센터	jinhak.ice.go.kr
전남진로진학지원센터	jjne.net
제주특별자치도교육청 진로정보센터	jinro.jje.go.kr
충남진로교육지원센터	career.edus.or.kr
충북진로진학지원센터	jinro.cbe.go.kr

진로 사이트들을 참조함에 있어서 부모가 알아야 할 사항은 커리어넷, 워크넷, 교육청의 진로 사이트들은 직업 소개에 초점을 맞추고 있다는 점이다. 어린 초·중학생들이 직업을 특정하는 것은 시기적으로 이르다. 직업적성검사, 직업흥미도검사 등을 통해서 어떤 직업을 추천받을지라도 아이는 그 직업에 아무런 관심이 없는 경우도 많다.

부모는 진로 사이트를 활용할 때 이러한 한계가 있음을 미리 염두에 두어야 한다. 진로 사이트의 활용은 심리적성검사와 충실하게 탑재된 직업에 대한 소개 정보들을 열람함으로써 자녀에게 다양한 정보를 제공할 수 있다.

꿈 찾기 프로젝트 #8

자녀에게 커리어넷, 워크넷 등 다양한 진로 관련 사이트들을 소개해 주고,
진로 사이트에서 활용할 수 있는 다양한 콘텐츠에 대해 자녀와 함께 대화해 보세요.

홀랜드 직업흥미도검사로
관심 분야 찾기

흥미에 따른 꿈 찾기

자녀가 어떤 분야에 관심을 느끼는지, 흥미를 측정하는 것으로 홀랜드 검사가 유명하다. 홀랜드 검사는 자신의 흥미에 부합하는 분야 및 영역을 알아보는 진로적성검사의 한 종류다.

미국의 심리학자 홀랜드 박사는 여러 직업들을 분석하여 성격적으로 비슷한 유형의 사람들이 비슷한 직업에 종사할 것이라는 이론을 주창했다.

홀랜드 박사는 사람들의 성격적인 유형을 여섯 가지로 나누었는데 현실형(Realistic), 탐구형(Investigative), 예술형(Artistic), 사회형(Social), 진취형(Enterprising), 관습형(Conventional)이다. 홀랜드 박사는 여섯 가지 유형별로 적합한 직업들을 통계적으로 제안하였다.

홀랜드 검사를 통해서 자녀의 흥미를 점검해 보고 직업들을 탐색

해 볼 수 있으며, 거꾸로 희망하는 분야나 직업이 자녀의 성향에 부
합하는지도 점검해 볼 수 있을 것이다.

자녀의 흥미 유형은 두세 가지를 복합적으로 해석하는 것이 보다
일반적임을 참조하기 바란다. 홀랜드 검사는 초등학교 4학년 이상
의 학생들에게 활용할 것을 권장하고 있다.

🦅 홀랜드의 6가지 흥미 유형

홀랜드 직업흥미도 검사는 커리어넷(www.career.go.kr)에 접속하
여 '진로심리검사 → 직업흥미검사(H)'를 통하거나, 워크넷(www.
work.go.kr)에서 '직업정보 · 심리검사 궁금하세요? → 직업심리검사
→ 청소년용 심리검사 → 청소년용 직업흥미검사'에서 무료로 검사
해 볼 수 있다.

워크넷 사이트를 통해 직업흥미검사를 하면 다음과 같은 유형을
구분하여 선호 직업을 소개한다.

흥미유형	특징	선호직업활동	대표직업
R (현실형)	실제적이며 단순함. 여러 사람들과 함께 일하는 것보다 혼자 일하는 것 선호.	기계나 도구, 사물을 조작하는 활동. 사람이나 아이디어를 다루는 일보다 사물을 다루는 일 선호.	농부, 경찰관, 소방관, 기술자, 목수, 운동선수 등.
I (탐구형)	지적이고 분석적임. 호기심이 많고 개방적임.	과학적이고 학문적인 활동. 문제해결을 위해 아이디어를 사용하고 정보를 분석하는 일 선호.	물리학자, 의학자, 수학자, 컴퓨터 프로그래머 등.
A (예술형)	상상력이 풍부하고 직관적임. 개방적이며 독창적임.	재능을 가지고 창의적인 작업을 수행하는 활동 선호.	예술가, 작가, 음악가, 화가, 디자이너 등.
S (사회형)	명랑하고 사교적임. 친절하고 이해심이 있음.	개인적인 교류를 통해서 타인을 도와주고 가르치고 상담해 주고 봉사하는 활동 선호.	교사, 상담가, 사회복지사, 성직자 등.
E (진취형)	권력 지향적이며 지배적임. 야심이 많고 외향적임.	타인을 설득하고 지시하며 관리하는 활동 선호.	경영인, 관리자, 언론인, 판매인 등.
C (관습형)	보수적이고 실용적임. 변화를 싫어하고 안정 추구.	고정된 기준 내에서 일하고 관례를 정하고 유지하는 활동 선호.	사무직 종사자, 사서, 비서 등.

꿈 찾기 프로젝트 #9

자녀와 함께 홀랜드 직업흥미도 검사를 실시해 보세요.

다중지능검사로
재능 파악하기

🦅 재능에 따른 꿈 찾기

　다중지능검사는 자녀가 어떤 면에서 재능이 있는지를 파악하도록 도와주는 심리검사 도구다. 다중지능검사는 하버드대학교 심리학자 하워드 가드너 교수가 제안했다. 가드너 박사는 다음의 세 가지 기본 가정을 통해서 다중지능검사를 제안하고 있다.

　- 사람은 적어도 여덟 가지 지능을 가지고 있다.
　- 각각의 지능은 어느 수준까지 발전시킬 수 있다.
　- 지능들은 서로 복합적으로 작용하여 함께 발현된다.

　가드너 박사는 여덟 가지 지능으로 언어지능, 자기성찰지능, 공간지능, 논리수학지능, 인간친화지능, 자연친화지능, 음악지능, 신체

운동지능을 제안했다. 우리는 흔히 '공부를 잘하는 사람은 머리가 좋다'고 생각하는데 엄밀히 말하면 이는 틀린 말이다. '모든 사람은 머리가 좋다'가 올바른 표현이다. 사람마다 머리가 좋은 영역이 다를 뿐이다. 성적이 좋다면 학습에 관련된 지능인 언어, 공간, 논리수학지능이 상대적으로 발달되었을 가능성이 높을 뿐이다.

우리는 인간친화, 자기성찰, 음악, 자연친화, 신체운동 등에서도 얼마든지 지능이 뛰어날 수 있다. 학업 성적이 아닌 방면으로 두뇌가 발달하는 것도 장점이 될 수 있다. IQ는 학습에 관련된 일부 지능을 측정하는 것인 반면 이 검사를 통해서는 다양한 영역의 지능을 검사할 수 있다. 우리는 자녀들이 어느 분야에든지 재능과 소질이 있음을 잊어서는 안 될 것이다.

전통적으로 사람의 재능을 바라보는 상반된 두 가지 관점이 존재한다. 첫 번째 관점은 재능은 타고난다는 것이며, 두 번째 관점은 재능은 성장한다는 것이다. 재능은 타고나는 것일까? 아니면 성장하는 것일까? 어느 한쪽이 옳다고 말할 수 없고, 양쪽 모두 일리가 있다.

동양과 서양은 사람의 재능을 바라보는 관점에서 서로 대조적이다. 서양은 타고난 재능을 중시하는 반면, 동양은 노력을 중요하게 여긴다. 서양의 부모들은 자녀가 어떤 재능을 타고났는지를 유심히 관찰하며, 그러한 재능을 키워 주려고 노력한다. 서양의 부모들은 성적이 나쁘다면 자녀가 공부 재능을 타고나지 않은 것으로 이해하고, 자녀의 재능과 관련된 다른 분야로 과감히 전환한다. 그러므로 서양에서는 성적 때문에 스트레스를 심각하게 겪지 않을 수 있다. 반면에 동양은 노력으로 인한 재능의 성장을 중시하기 때문에 성적이 부진하다면 이를 노력 부족으로 판단하는 경향이 짙다. 때로는 자녀를 제대로 양육하지 못한 것 같아서 부모가 자책하기도 한다. 그래서인지 공부 이외의 분야로 전환하기가 쉽지 않다.

재능은 어느 정도 타고날 필요가 있으며 동시에 성장한다는 점을 이해하자. 이러한 인식의 바탕에서 자녀의 가능성을 점검해 보자. 다중지능검사 결과로 제시된 재능이 전부라고 생각하는 것은 곤란하다. 자녀들은 여전히 성장 중이며 대기만성형도 언제나 존재한다.

자녀를 매일 관찰해 온 부모라면 이러한 검사를 활용하지 않더라도 자녀의 재능을 이미 파악하고 있을 가능성이 높다. 그럼에도 이러한 검사를 통해 객관적이고 통계적인 근거를 참조하여 꿈 찾기에 활용할 수 있다.

❧ 가드너 박사의 8가지 지능

다중지능검사는 커리어넷(www.career.go.kr)에서 "진로심리검사 → 직업적성검사"를 통하거나, 워크넷(www.work.go.kr)에서 "직업정보·심리검사 궁금하세요? → 청소년용 심리검사 → 청소년용 적성검사"을 통해 무료로 받을 수 있다. 커리어넷과 워크넷의 다중지능검사는 가드너 박사의 다중지능검사를 우리나라 학생들에 맞추어 보완한 것을 활용하고 있다.

가드너 박사가 제안한 여덟 가지 지능을 구체적으로 소개하면 다음과 같다.

언어지능	말하기와 언어, 문학에 대해 민감하고, 여러 언어를 학습하는 능력 및 언어를 사용하여 자신의 의사를 표현하는 능력
잘하는 일	연설, 일기, 창작, 임기응변, 동시통역, 구연동화, 역할극, 읽기, 듣기, 쓰기, 이야기 만들기, 말재주, 글씨, 대화하기, 토론, 외국어, 시, 소설, 연극
대학의 관련 학과	법학과, 외국어학과, 대중매체 관련 학과, 외교학과, 정치학과, 교육학과, 경영학과, 국문학과, 문헌정보학과, 사학과, 문예창작학과, 언론정보학과, 신문방송학과
관련 직업	작가, 시인, 작사가, 방송인, 언론인, 기자, 언어학자, 연설가, 변호사, 대변인, 영업, 정치가, 강연자, 학원강사, 교사, 성우, 외교관, 번역가, 통역사, 경영자, 문학평론가, 방송프로듀서, 아나운서
대표적인 인물	도산 안창호, 이율곡, 스티븐 코비, 마틴 루터 킹, 브라이언 트레이시 등
언어지능을 개발하는 방법	– 사람들과의 대화나 아니면 혼자서 대화 연습을 자주한다. – 강연을 듣거나, 교육과정 등에 참가하여 의사소통 역량을 강화한다. – 아이디어, 생각, 정서 등을 글이나 말로 표현한다. – 연극 대본이나 시를 큰 소리로 읽어 보고 다양한 종류의 사전을 참고한다.

논리수학지능	논리적으로 분석하거나, 체계적이고 과학적인 방법으로 문제를 해결하는 능력
잘하는 일	계산, 수학, 논리, 도표, 부호, 논법/추론, 추리, 숫자 기억, 유형, 관계 분석, 분류, 추상적 사고, 개념화, 수학적 증명, 컴퓨터 프로그래밍
대학의 관련 학과	수학과, 물리학과, 회계학과, 지구과학과, 소프트웨어공학과, 통계학과, 천문우주학과, 생명공학과, 전자공학과, 제어계측공학과, 항공우주공학과, 전기공학과, 반도체공학과
관련 직업	엔지니어, 수학자, 물리학자, 과학자, 컴퓨터 프로그래머, 철학자, 생활설계사, 공인회계사, 회사원(경리/회계), 수학교사, 과학교사, 법조인, 정보기관원
대표적인 인물	알버트 아인슈타인, 에디슨, 장영실 등

논리수학지능을 개발하는 방법	– 숫자 개념을 자주 학습하여 수리 지능을 자극한다. – 바둑이나 카드놀이 등 추리력을 발달시킬 수 있는 놀이나 활동에 참가한다. – 토론과 추론을 반복적으로 연습하여 더 높은 단계의 학습 능력을 강화한다. – 정보와 자료 등을 분류하고 생활 속에서 현금을 관리해 본다.

공간지능	광범위한 공간에서의 방향과 도식적으로 배열한 그림을 정확하게 인지하고 표현하는 능력
잘하는 일	그림 그리기, 조각, 서예, 디자인, 공간, 형태, 시각, 지도, 도표, 시각적 표현, 상상력, 색채배합, 패턴, 인테리어/건축, 기계, 사진, 만화, 콜라주, 영상편집, 가상현실, 3D설계, 조감도, 전시
대학의 관련 학과	항해학과, 항공학과, 예술학과, 의학과, 디자인학과, 그래픽과, 미술학과, 건축학과, 사진학과, 애니메이션학과, 도예학과, 공예학과, 방송영상학과, 멀티미디어학과, 회화과, 조소과
관련 직업	조각가, 항해사, 디자이너(인테리어, 게임, 헤어, 웹, 무대, 컴퓨터그래픽 등), 엔지니어, 화가, 건축가, 사진사, 파일럿, 애니메이션, 공예가, 외과의사, 일러스트레이터
대표적인 인물	백남준, 레오나르도 다빈치, 미켈란젤로, 피카소 등
공간지능을 개발하는 방법	– 그림, 글자 맞추기 등 창의력을 기르는 놀이를 한다. – 회화, 조각, 도예 등 전시회를 관람한다. – 장소와 건물 등으로 사물과 인물을 연상하여 기억한다. – 계획이나 정보를 그림이나 도표로 풀어 설명한다. – 디자인이나 패션에 주의를 기울이고, 그림의 의미를 해석한다.

신체운동지능	신체를 이용하여 이루어지는 행동이 조화와 균형을 이루는 것을 가리키며 외적 몸가짐, 춤추는 모양, 걷는 자세 등 신체 탄성 이용 능력
잘하는 일	운동, 게임, 춤, 연극, 몸짓, 신체훈련, 연기, 손재주, 운동신경, 반사감각, 민첩성, 손놀림, 섬세한 몸놀림, 율동, 만들기, 무술
대학의 관련 학과	체육학과, 예술무용학과, 무술학과, 경찰이나 소방학과, 사관학교, 특수기능학과, 연기학과, 사회체육학과, 레저스포츠학과, 운동처방과
관련 직업	운동선수, 안무가. 무용가, 발레리나, 뮤지컬 배우, 엔지니어, 마술사, 체육학자, 레크리에이션 강사, 배우, 체육관 관장, 경호원, 카레이서, 파일럿
대표적인 인물	김연아, 박지성, 박태환, 마이클 잭슨 등

신체운동지능을 개발하는 방법	– 신체 감각기관을 강화하는 훈련을 한다. – 운동이나 무용을 통해 신체의 균형과 민첩성을 기른다. – 복잡한 동작의 스포츠나 전문적인 운동을 주기적으로 훈련한다. – 춤이나 스포츠에서 구분 동작을 떠올려 실행한다.

음악지능	음악을 연주하거나 창작, 감상하고 평가하는 능력. 마음속에 떠오르는 관념을 구상화하고, 정확하게 세계를 인지하여 활용하는 능력
잘하는 일	소리, 리듬, 음의 세계에 민감, 음악 감상, 노래, 오페라, 교향곡, 악기연주, 작곡, 편곡, 음악적 유형 구별, 멜로디와 리듬을 기억하고 노래나 악기로 쉽게 재현
대학의 관련 학과	음악학과, 국악과, 기악과, 관현악과, 피아노과, 성악과, 작곡과, 생활음악과, 방송연예과, 연극영화학과
관련 직업	음악가(성악가, 연주가, 작곡가, 지휘자 등), 음악치료사, 음향기술자, 음악평론가, 피아노 조율사, 악기공, DJ, 가수, 댄서, 음악 교사, 반주자, 음악 공연 연출가
대표적인 인물	정명훈, 조수미, 루치아노 파바로티 등
음악지능을 개발하는 방법	– 음악을 많이 감상하고, 특히 고전음악을 많이 듣는다. – 재능을 나타내는 분야를 선택해 배우도록 한다. – 음악 학습 초기의 지도 환경과 지도 교사 선택에 주의한다. – 사건과 인물, 감정과 추억 등을 음악과 함께 결부하여 기억한다. – 노래의 음정과 리듬을 생각하며 노래를 부른다. – 쉽고 대중적인 악기 한 가지를 정해 연주법을 익힌다.

자연친화지능	인간과 자연이 연계되어 있음을 이해하며, 자연에 대한 관심을 가지고 탐구, 보호할 수 있는 능력
잘하는 일	색채, 관찰, 동물, 식물, 자연, 구름, 광물, 채집, 탐구, 관찰, 환경, 견학, 소풍, 여행, 애완동물, 관찰일기, 현장학습
대학의 관련 학과	예술학과, 의상디자인학과, 건축설계학과, 제품디자인학과, 영화 관련 학과, 방송영상학과, 게임학과, 산업디자인학과, 가구디자인학과, 시각디자인학과, 조경학과
관련 직업	과학자, 엔지니어, 영화감독, 광고기획자, 게임제작자, 디자이너, 무대감독, 조경설계자, 건축가, 영화제작자, 생명공학자, 지구과학교사, 동물원 관련 직종
대표적인 인물	스티븐 스필버그, 이장호 감독, 새 박사 윤무부 등

자연친화지능을 개발하는 방법	– 색채, 동물, 식물 등 자연현상의 관찰력을 기른다. – 여행을 많이 하고, 각종 표본, 문서, 자료들을 수집한다.

인간친화지능	다른 사람의 의도, 동기, 요구나 바라는 바를 잘 이해하는 능력으로 이를 활용하여 타인과 함께 효과적으로 문제를 해결하는 능력
잘하는 일	리더십 발휘, 인간친화, 대인관계, 협동성, 사교성, 단체 활동, 조직, 대화, 분쟁해결, 중재, 카운슬링
대학의 관련 학과	심리학과, 철학과, 윤리학과, 종교학과, 문화인류학과, 마케팅학과, 정치(외교)학과, 경영학과, 사회복지학과, 의학과, 사회학과, 언론정보학과, 비서학과, 광고홍보학과, 항공서비스학과
관련 직업	사회학자, 정치가, 외교관, 성직자, 사회운동가, 기업경영자, 정신과의사, 카운셀러, 법조인, 배우, 사업가, 방송프로듀서, 사회복지사, 영업, 교사, 경찰관, 비서, 마케팅매니저, 컨설턴트, 교육, 관광가이드
대표적인 인물	마하트마 간디, 김구, 테레사 수녀, 아브라함 링컨, 벤저민 프랭클린 등
인간친화지능을 개발하는 방법	– 다른 사람과의 협업과 분업을 구성한다. – 조직 내에서의 의사소통, 설득과 교섭에 적극적으로 나선다. – 상대방을 이해하려고 노력한다. – 다른 사람의 감정을 느끼고 의사를 파악하기 위해 주의를 기울인다. – 다른 사람의 말을 끝까지 경청하는 태도를 기른다.

자기성찰지능	자신을 잘 이해하고, 자신의 욕구와 능력을 효과적으로 활용하는 능력으로 이를 자신의 삶에 적용시켜 의미 있게 활용하는 능력
잘하는 일	시나 소설, 수필 등 내면을 그린 문학작품 쓰기, 일기, 종교와 신앙활동, 자기 이해, 자기 존중, 자기 향상/계발, 자기 성찰, 목표 설정, 미래 설계, 기타 대인 관계 지능과 유사한 특성
대학의 관련 학과	종교학과, 철학과, 법학과, 사회복지학과, 사관학교나 경찰학과, 천문지리학과, 경영학과, 문화인류학과, 윤리학과, 교육심리학과, 심리학과
관련 직업	작가, 소설가, 시인, 작곡가, 예술인, 발명가, 철학자, 심리학자, 정신분석학자, 정신과의사, 성직자, 신학자, 기업가, 심리 치료사, 사회사업가, 사회운동가
대표적인 인물	소크라테스, 프로이드, 헬렌 켈러, 빅터 프랭클린 등

대인관계지능을 개발하는 방법	– 위인전과 자서전을 많이 읽는다. – 타인에게 선행을 베풀고 타인의 충고에 귀를 기울인다. – 기록하거나 일기를 쓰는 습관을 기른다. – 자기 내면의 세계에 집중하여 기도, 묵상을 자주 한다.

꿈 찾기 프로젝트 #10

다중지능검사를 해 보고, 자녀의 재능을 점검해 보세요.
자녀에게 재능의 의미를 설명해 주세요.

MBTI 검사로 성격 유형 알기

🦋 자신을 알아야 꿈을 설계한다

　자녀가 꿈을 만들도록 도와주기 위해서는 아이가 자신에 대한 올바른 이해를 갖게 해야 한다. 자신에 대해 지나치게 부정적인 아이들도 많은데, 부모는 아이가 자신의 흥미, 관심, 잘하는 점, 부족한 점 등을 솔직하게 인정하고 긍정적인 기분으로 받아들일 수 있도록 도와주어야 한다.

　자녀를 평가하거나, 비난하려는 의도가 아니며 용기를 주기 위한 의도임을 유념해야 한다.

사람의 성격 유형 16가지

사람의 성격 유형을 파악하는 심리 검사로 잘 알려진 MBTI 검사가 있다. MBTI 검사는 사람의 성격 유형을 외향-내향, 직관-감각, 사고-감정, 판단-인식의 열여섯 가지로 구분한다.

사람의 성격 유형을 열여섯 가지로 구분하는 것은 본질적인 한계가 있다. 사람은 훨씬 복잡하고 다양하기 때문에 동일한 유형으로 구분되는 사람일지라도 반드시 비슷한 성격이라고 말할 수 없다. 성격의 유형을 수천, 수만 개로 늘릴지라도 이러한 한계는 항상 존재한다.

그러므로 내 개인적인 의견으로는 MBTI와 같은 성격유형검사는 인터넷에 공개되어 있는 약식의 체크리스트 정도를 활용해도 충분하다.

MBTI는 초등학교 3학년부터 활용 가능한 것으로 알려져 있으며, 다음과 같은 질문에 답함으로써 간단히 점검해 볼 수 있다.

꿈 찾기 프로젝트 #11

자녀와 함께 MBTI검사를 실시해 보세요.

*간단한 MBTI 성격유형검사

	외향 (E)	표시	표시	내향 (I)
1	나는 여러 친구들과 많이 사귀는 편이다.			나는 몇 명의 친구들과 깊이 사귀는 편이다.
2	새로운 친구들을 만나는 것이 신난다.			처음 보는 친구들과 어떻게 사귈지 걱정된다.
3	처음 보는 친구에게 내가 먼저 말을 건넨다.			처음 보는 친구가 나에게 먼저 말을 건넨다.
4	나의 생각이나 느낌을 다른 사람들에게 이야기하는 편이다.			나의 생각이나 느낌을 내 마음속에 간직하는 편이다.
5	나는 친구들과 함께 즐기는 놀이가 좋다.			나는 나 혼자 재미있게 하는 놀이가 좋다.
6	나는 많은 친구들에게 얘기하길 좋아한다.			나는 친한 친구들에게 얘기하길 좋아한다.
7	친구들과 함께 공부하면 잘 된다.			나 혼자 공부하면 더 잘 된다.
8	나는 나의 생각이나 느낌을 말로 표현하는 것이 편하다.			나는 나의 생각과 느낌을 글로 표현하는 것이 편하다.
9	주위 사람들은 내가 활발하다고 말한다.			주위 사람들은 내가 얌전하다고 말한다.
	합 계			합 계

	직관 (S)	표시	표시	감각 (N)
1	난 친구들에게 내가 직접 보고 들은 것에 대해 얘기하는 걸 좋아한다.			난 친구들에게 내가 상상으로 생각한 것을 얘기하는 것을 좋아한다.

		표시	표시	
2	나는 실제로 있었던 사람이나 사실에 대한 책을 좋아한다.			나는 상상으로 지어낸 이야기를 좋아한다.
3	어려운 일에 부딪히면 하던 일을 잘 못한다.			어려운 일에 부딪히면 도전하고 싶은 마음이 생긴다.
4	나는 무엇을 할 때 전에 배웠던 대로하는 것이 편하다.			나는 무엇을 할 때 새로운 방법을 생각해서 하는 것이 재미있다.
5	나는 그려진 그림에 색칠하기를 좋아한다.			나는 이야기 지어내기를 좋아한다.
6	나는 현재에 최선을 다하는 것이 중요하다고 생각한다.			나는 미래에 대한 꿈을 갖는 것이 중요하다고 생각한다.
7	나는 선생님이 가르쳐 주는 방법대로 하는 편이다.			나는 스스로 나만의 방법을 만들어서 하는 편이다.
8	내가 좋아하는 책은 여러 번 읽는다.			나는 새로운 다른 책을 읽는 것이 좋다.
9	나는 부지런하고 성실하다는 얘기를 듣는 편이다.			나는 기발하고 엉뚱하다는 얘기를 듣는 편이다.
	합계			합계

	사고 (T)	표시	표시	감정 (F)
1	나는 불공평한 것이 가장 나쁘다고 생각한다.			나는 다른 사람의 마음에 상처를 주는 것이 가장 나쁘다고 생각한다.
2	나는 공부 잘하는 실력 있는 학생으로 인정받고 싶다.			나는 친구들 사이에서 인기가 많은 학생으로 인정받고 싶다.
3	우리 편이 지면 다음에는 이기도록 계획을 짠다.			우리 편이 지면 '다음에 이기면 되지' 하면서 친구들의 기분을 좋게 해준다.

4	친구의 잘못된 점을 지적해 주는 편이다.			친구의 잘못된 점을 말하지 않는 편이다.
5	나는 공평한 사람이 되고 싶다.			나는 친절한 사람이 되고 싶다.
6	달리기에서 이기면 기분이 아주 좋다.			달리기에서 이기면 기분은 좋지만 '진 사람은 기분이 어떨까' 생각한다.
7	나는 똑똑한 사람으로 인정받고 싶다.			나는 따뜻한 사람으로 인정받고 싶다.
8	도둑질하는 학생은 벌을 받아야 한다고 생각한다.			도둑질하는 학생은 도둑질하지 않도록 도움을 받아야 한다고 생각한다.
9	벌금을 받을 때는 규칙대로 정확하게 받아야 한다.			벌금을 받을 때는 상황에 따라 그 사람의 사정을 고려해서 받아야 한다.
	합 계			**합 계**

	판단 (J)	표시	표시	**인식 (P)**
1	내가 해야 할 일을 먼저 하고 논다.			재미있게 놀고 난 후에 해도 괜찮다.
2	수업 계획에 따라 차근차근 가르쳐 주시는 선생님이 좋다.			그때그때 우리가 좋아하는 것에 맞추어 수업 내용을 바꿔 가르치는 선생님이 좋다.
3	나는 정리 정돈된 깨끗한 방이 좋다.			내 마음대로 흩어놓을 수 있는 방이 좋다.
4	나는 하기 쉽게 잘 짜인 숙제가 좋다.			나는 새로운 방법의 숙제가 좋다.
5	자전거를 탈 때 어디로 갈지 미리 생각하고 탄다.			자전거를 탈 때 일단 타고 나서 어디로 갈지 생각한다.
6	나는 일기장이나 과제물을 잘 챙긴다.			나는 일기장이나 과제물을 잘 잊는다.

7	무엇을 공부해야 할지 자세히 가르쳐 주시는 선생님이 좋다.			우리 스스로 공부할 것을 선택하도록 맡기시는 선생님이 좋다.
8	게임의 규칙은 바뀌어서는 안 된다.			게임의 규칙은 경우에 따라 바뀔 수 있다.
9	나는 일을 계획적으로 해내는 편이다.			나는 일을 그때그때 해내는 편이다.
	합 계			**합 계**

ISTJ 세상의 소금형	– 신중하고, 조용하며 집중력이 강하고 매사에 철저하다. 위기상황에서도 침착하고, 충동적으로 일을 처리하지 않는다. – 감사, 회계, 세무조사원, 병원이나 도서관 관련 직업, 법원서기보, 법무사, 사무직, 관리, 엔지니어 등
ISFJ 임금 뒤의 권력형	– 성실하고, 온화하며, 협조를 잘한다. 침착성과 인내심이 있다. 가정이나 집단에 안정감을 준다. – 간호사, 종교 종사자, 경호원, 사회사업가, 의학적 치료 종사자, 교사 등
INFJ 예언자 유형	– 창의력, 통찰력이 뛰어나며, 직관력으로 말없이 타인에게 영향력을 끼친다. 대인관계를 형성할 때는 진실한 관계를 맺고자 한다. – 고등교육가, 심리치료와 상담, 미술교사, 저술활동, 예술·기술·문학 분야의 연구 개발, 교육 분야 컨설턴트, 인사담당자 등
INTJ 과학자 유형	– 행동과 사고에 있어서 독창적이다. 아이디어와 목표를 달성하는 데 강한 추진력을 가지고 있다. – 과학자, 엔지니어, 발명가, 정치가, 철학자, 디자이너, 행정가, 컴퓨터 전문가, 의사, 사업 분석가 등
ISTP 백과사전형	– 말이 많지 않고, 논리적이고 객관적으로 인생을 관찰하는 형. 적응력이 강하고 새롭고 긴급한 일을 잘 다룬다. – 비행기조종사, 기중기 작동 기사, 경찰, 목수, 카레이서, 기계공, 치과기술자, 스포츠 선수 등
ISFP 성인군자형	– 말없이 다정하고 친절하며, 겸손하다. 자연, 사물, 예술 등을 감상하는 능력과 식별력이 뛰어나며, 자연과 동물을 사랑한다. – 화가, 작곡가, 무용가, 패션디자이너, 정원사, 조경사, 보석상, 요리사, 사회사업가, 간호사 등

INFP 잔다르크형	– 마음이 따뜻하고 조용하며 자신의 일에 책임감이 강하고 성실하다. 예술적 감각이 뛰어나고, 타인을 도와주기 좋아한다. – 작가, 성격배우, 소설가, 연예인, 사회사업가, 성직자, 목사, 심리학자, 정신과의사, 건축가 등
INTP 아이디어 뱅크형	– 과묵하나 관심이 있는 분야에 대해서는 말을 잘한다. 이해가 빠르고 높은 직관력과 통찰력 및 지적 호기심이 많다. – 분석자, 논리학자, 수학자, 철학자, 과학자, 건축가, 작가, 신문 방송인, 컴퓨터 프로그래머, 행정 기획자, 순수과학연구자 등
ESTP 수완 좋은 활동가형	– 친구, 운동, 음식 등 다양한 활동을 좋아한다. 예술적인 멋과 판단력을 지니며, 타고난 재치와 사교력이 있다. – 마케팅이나 세일즈, 경찰, 교정 공무원, 식당, 건축, 은행, 언론인, 기업체 경영, 정부 경영자, 개인 서비스 등
ESFP 사교적인 유형	– 현실적이고 실제적이며 친절하다. 수용력이 강하고 사교적이다. – 서비스, 판매, 연예인, 비서, 사진사, 꽃 디자이너, 영화프로듀서, 여행 대행업체, 정치가, 수의사, 노동관계 중재자 등
ENFP 스파크형	– 열성적이고, 창의적이며, 풍부한 상상력으로 새로운 일을 잘 시작한다. 관심 있는 일이면 무엇이든지 척척 해내는 열성파다. – 탁월한 판매요원, 홍보 활동가, 정치인, 영화·연극 작가, 언론인, 목사 등
ENTP 발명가형	– 독창적이며 창의력이 풍부하고 넓은 안목을 갖고 있으며 다방면에 재능이 많다. – 문제해결사, 발명가, 과학자, 시장연구자, 기획자, 공군요원, 리포터, 컴퓨터분석가, 언론인 등
ESTJ 사업가형	– 일을 만들고 계획하고, 추진하는 데 뛰어난 능력을 가지고 있다. 친구나 주변 사람을 배려하는 리더 역할을 잘한다. – 사업, 행정, 관리, 제조, 생산, 경찰, 직업군인, 공공 서비스직, 요리사 등
ESFJ 친선도모형	– 동정심이 많고 다른 사람에게 관심을 쏟고 협동을 중시한다. 양심적이고, 정리정돈을 잘하며, 참을성이 많다. – 교직, 유치원교사, 전문 자원봉사, 상담·사회사업, 레스토랑 지배인, 언어치료사, 판매, 서비스업 등
ENFJ 언변능숙형	– 동정심이 많고, 인화를 중시하며, 민첩하고 성실하다. 참을성이 많다. 사교성이 풍부하고 인기 있다. – 물리 치료사, 방송프로듀서, 보건 및 의료 계통 종사자, 행정관리자, 여행업자, 상담자, 종교 사업가, 경영인 등
ENTJ 지도자형	– 열성이 많고 솔직하고 단호하고 통솔력이 있다. 정보에 밝고, 지식에 대한 관심과 욕구가 많다. – 경영컨설턴트, 변호사, 인력자원 관리자, 회사임직원, 행정가, 토목, 건축, 정치인, 컴퓨터전문가, 군장교, 법률종사자, 기업가 등

5장.
직업에 삶의 신념을
입혔을 때 꿈이 된다

현대는 '다중직업 시대'다

🦋 인생에서 만나게 될 여러 직업

　우리는 이미 다중직업(multi-job) 시대를 살아가고 있다. 다중직업 시대란 한 사람이 인생에서 여러 직업을 경험할 수 있다는 뜻이다. 우리 자녀들은 평균 100세까지 살게 될 것이므로, 자녀들은 인생을 통해 다양한 직업들을 두루 경험하게 될 가능성이 높다.

　또한 다중직업은 한 사람이 동시에 여러 직업을 겸직할 수 있다는 뜻도 포함한다. 예를 들어 어떤 사람은 의사이자, 대학 교수이면서, 책을 쓰는 작가이며, 방송인이며, 강연자이며, 정치인일 수 있다. 나도 직업이 자그마치 다섯 가지나 된다. 나는 대학 교수인데, 책을 쓰는 작가이며, 강연자이기도 하고, 기업에 방문하면 경영컨설턴트이며, 학생들이 상담을 요청해 오면 상담사가 되기도 한다. 어떤 교사는 시인이나 소설가 혹은 화가, 음악가일 수도 있다. 이는 능력보다는 생각에서 오는 차이다. 직업적인 역할이 내가 할 수 있는 전부라고 스스로를 제한하는 생각의 빗장을 풀 때 삶의 차원은 확장된다.

🦋 꿈은 희망 직업이 아니다

관광경영학과 1학년 민정이는 어려서부터 스튜어디스를 꿈꾸어 왔는데, 대학생이 되어 '패션디자인'과 관련한 교양과목을 들으면서 이 분야에 흥미를 느끼게 되었다. 그리고 자연스럽게 '패션디자이너가 되는 것은 어떨까?' 하는 생각이 들었다.

그렇게 생각하자 그동안 꿈꿔왔던 스튜어디스라는 꿈과 충돌했다. 수년간 바라왔던 꿈이 흔들리자 무척 곤혹스러웠다. 그래서 나를 찾아와서 물었다.

"교수님, 지금 전공을 바꿔도 좋을까요?"

나는 민정이에게 스튜어디스를 꿈꾸는 이유를 물어보았다.

"해외여행을 할 수 있고 멋있어 보여요."

"그럼 패션디자이너가 되고 싶은 이유는 뭐니?"

"패션디자인이 재미있을 것 같고, 제가 원래 옷을 좋아하거든요."

민정이는 어떤 직업인이 되는 것을 목적으로 삼고 있는 듯하다. 솔직히 나는 민정이가 어떤 직업을 가져도 크게 상관없다고 생각한다. 패션디자이너가 되든 다른 직업을 갖게 되든, 민정이는 행복할 수 있다.

다중직업시대를 살아가고 있지만, 학생들은 꿈을 거의 희망 직업과 동일시한다. 열이면 열, 백이면 백, 천편일률적이다. 집단적인 최면에라도 걸린 것처럼 말이다.

'꿈=희망 직업'이 아니다. 이런 등식에 매일수록 희망 직업을 수단이 아닌 목적으로 추구하기 쉽다.

희망 직업을 꿈꾸는 이유를 진지하게 고민하지 않으며, 학생들은 '좋아하니까' '재미있으니까' 등 단편적으로 대답하는데 이는 고민의 깊이가 얕다.

희망 직업을 목적으로 추구할 경우, 희망 직업이라는 꿈을 이루지 못하면 좌절하게 되고, 희망 직업을 이루면 꿈은 사라지게 된다. 직업을 이미 가지고 있는 직장인들에게는 꿈이 들어설 여지가 없다고 생각한다. 이는 꿈을 직업을 찾기 위한 목적이라고 오해하고 있기 때문이다.

선생님들도 '꿈=희망 직업' 등식에 매여 있는 경우가 많다. 학교의 진로 교육이 학생들에게 직업들을 소개하는 활동에 편중되어 있음에서 쉽게 확인할 수 있다. 이런 진로 교육이 활성화되고 있지만 학교에는 여전히 꿈이 없는 학생들이 넘쳐난다. 직업 하나를 꿈으로 선택하도록 유도하는 지금의 방식은 바람직한 진로 교육이라고 보기 어렵다. 학생들도 본능적으로 '이건 내 꿈이 아니야'라고 느끼는 듯하다.

희망 직업은 삶을 영위하는 하나의 수단이다. 상황에 따라 직업은 대체될 수 있으며 겸직할 수도 있다. 학교는 직업소개소가 아니다.

산업사회의 기능인을 길러내는 것이 학교교육의 목표가 되어서는 곤란하다. 학생들이 진정한 행복과 삶의 가치, 인생의 의미가 무엇인지 고민하는 수준으로까지 교육은 나아가야 한다.

🕊 어느 하나를 포기하지 않아도 된다

국제무역학과에 재학 중인 인준이를 상담한 적이 있다.

"교수님, 어느 길로 가면 좋을까요? 졸업 후에 선배들처럼 무역회사에 취직하면 좋을까요? 아니면 어린 시절부터의 꿈인 소설가의 길로 가면 좋을까요?"

인준이도 '꿈=희망 직업'으로 생각하면서 특정 직업을 목적으로 삼았기 때문에 이러한 고민이 생긴 것이다. 직업 하나가 유일한 목적일 필요가 없음을 진작에 알았더라면 고민거리조차 되지 않았을 것이다.

"인준아, 나라면 일단 무역회사에 취직할 거야. 그리고 10년 동안 소설을 써 나갈 거야. 소설의 주제를 설정하고, 등장인물과 캐릭터를 구상하고, 사건들을 기획하고, 줄거리를 만들어 나가는 거지. 그렇게 10년 후에 소설책을 출간하는 거야."

회사에 다니면서 10년 동안 매일매일 소설을 쓴다는 것, 그것은 결코 쉽지 않으며 그 자체로 대단한 도전이다. 글솜씨가 없어도 10년 동안 책을 쓴다면 그것은 본인에게만큼은 필생의 역작일 것이다.

"네가 10년 동안 준비해서 한 권의 책을 써 낸다면 그래도 30대 중반이잖아. 30대 중반에 네 이름의 책 한 권 만드는 것도 나쁘지 않은 것 같은데? 무역회사에 열심히 다니면서 말이야. 두 번째 책은 5년 동안 준비하면 어떨까? 그렇게 하다가 소설이 인기를 끈다면 전문 작가의 길을 고민해도 되겠지."

책이나 소설을 쓰는 것은 작가만의 고유한 역할이 아니다. 요즘에는 정치인, 대학 교수, 종교인, 예술인, 기업가, 연예인, 의사, 학생, 가정주부 등 누구든지 책을 출간할 수 있다. 정식으로 배우지 않은 사람들에게 글쓰기는 어려운 일이다. 그러나 우리는 '불가능한 일'과 '어려운 일'을 구분할 필요가 있다.

우리는 희망 직업을 유일한 목적으로 삼는 편협함에서 자녀를 구해내야 한다. 다양한 직업을 가질 수 있는 다중직업 시대에 살고 있으며, 직업들을 동시에 겸직하는 것이 어려울 수 있어도 불가능한 일은 아님을 알려 줄 필요가 있다.

직업 교육보다
신념 교육이 우선이다

🦅 꿈을 하나의 직업에 가두지 말라

　자녀의 꿈을 희망 직업 하나에 특정하는 것은 여러모로 성급한 일이다. 초·중·고등학생이 직업인이 되기까지는 적잖은 시간이 흘러야 한다. 직업의 가능성을 다양하게 탐색해야 할 시기임에도, 희망 직업 하나에 꿈을 국한시켜 버린다면 자칫 자녀의 생각을 협소하게 만들어 버릴 수 있기 때문이다.

　초등학생이라면 꿈이 여러 개여도 괜찮다. 다양한 분야를 탐색하고 자신의 흥미와 적성을 점검하는 시기이기 때문에 호기심을 보이는 분야가 많을 수 있다.

　자녀를 규격화된 어떤 임무에 자신을 끼워 맞추면서 살아가는 수동적인 인생이 아니라, 자신이 원하는 인생을 개척해 나가는 능동적인 인재로 키워야 한다. 그러기 위해서는 인생을 살아가는 신념을 자녀들에게 우선적으로 교육할 필요가 있다. 신념이란 어떤 생각으로 삶을 살아가는지에 대한 개인의 견해, 사상, 믿음이라고 말할 수 있다.

우리나라의 교육은 인생의 의미, 가치관, 신념보다는 직업인으로서 전문성을 높이기 위한 소양으로서의 공식 이해, 단어 암기, 논리 등을 배우는 쪽에 치중하고 있다. 대학은 대학생들을 기업에 취직시키기 위한 직업인 양성소, 직업소개소 역할을 담당하는 방향으로 전환되고 있다. 교육부는 매년 대학들의 취업률 순위를 발표하면서, 취업 실적이 저조한 대학이나 학과에 불이익을 주고 있다. 대학들은 취업 경쟁력을 높이기 위해 즉시 적용 가능한 기술들을 가르치도록 교과 내용을 수정하고 있다. 이는 우리나라의 어느 대학도 예외가 아니다.

직업은 인생의 목적이 아니다

초·중·고등학생들에게도 직업 교육이 강화되는 추세다. 학생들에게 꿈을 찾아 준다는 명목으로 학교에서는 직업에 대한 탐색을 보다 이른 연령대에서부터 시작하고 있다. 대한민국 전체가 직업 교육에 경쟁적으로 몰입하고 있으며, 나라 전체가 거대한 직업인 양성소가 된 듯하다.

역사를 되짚어 보면 동서양을 막론하고 현대만큼 직업 교육에 열중했던 시기는 없었던 것 같다. 산업화 이전 서양의 중세 시대나 우리나라의 조선 시대까지는 직업의 종류가 적었으며 직업을 선택할 수 있는 자유도 부족했다. 자녀는 대부분 부모의 신분과 직업을 물려받았는데, 부모가 귀족이면 자녀도 귀족이며, 부모가 농부면 자녀도 농부며, 부모가 노예라면 자녀도 노예가 되었다. 자녀들은 직업인으로서의 전문성을 가정에서 부모로부터 보고 배웠다.

산업화 이전 중세 시대까지는 직업 교육이 별도로 필요하지 않았기에, 중세 시대의 서당이나 학교에서는 주로 지혜에 관한 가르침들, 삶에서의 의미와 신념들을 교육했다.

산업혁명을 지나 직업들이 다양해지면서 직업 선택에도 자유가 생겨났다. 좋은 직업을 얻기 위한 경쟁이 본격화되면서 전문성을 키우기 위한 지식 교육이 우선시되고, 상대적으로 급하지 않은 지혜나 신념 교육은 점차 시들해졌다.

인생에 있어 철학의 부재, 신념의 실종은 현대인들의 정신을 피폐하게 만들면서, 삶에서 사람들의 방향 감각을 무디게 만들고 있다. 우리는 물질적으로는 가장 윤택한 시대를 살고 있지만, 아이러니하게도 어떤 시대보다 빈곤한 정신으로 살아가는 듯하다.

우리의 삶을 중세 시대 이전으로 회귀시키자는 말은 아니다. 가정에서라도 부모가 자녀들에게 삶의 철학, 의미, 신념 등을 이야기해 주면 좋겠다. 먼저 희망 직업은 인생의 목적이 아니며, 살아가는 수단일 뿐이라는 사실을 자녀에게 알려 주는 것에서 시작하는 것이 좋다. 그리고 삶을 어떻게 살아야 할지, 무엇을 위해 살아가는 것이 행복일지 부모의 신념을 자녀에게 말해 주면 좋겠다. 사소하지만 이러한 대화가 자녀를 단순한 직업인이 아니라, 신념을 추구하면서 삶을 개척해 나가는 인재로 키워 내는 시발점이 되어 줄 것이다.

🦋 어떤 신념으로 일할 것인가를 가르치라

초등학교 5학년 현승이는 꿈을 '의사 선생님'이라고 수년째 말해 왔다. 현승이의 꿈을 들은 부모는 흡족해했다. 의사는 존경받는 직업이기 때문이기도 했지만, 현승이가 앞으로 공부에 박차를 가해 줄 것으로 내심 기대했기 때문이었다. 아들이 꿈을 의사라고 밝히는 것을 주변 사람들에게 자랑하기도 했다.

그러던 어느 날 현승이가 꿈을 환경미화원으로 바꿔야겠다고 말했다. 현승이 엄마는 당황하여 현승이에게 꿈을 바꾼 이유를 물어보았다. 담임선생님이 '직업에는 귀천이 없다'고 설명하면서 환경미화원을 대표적인 사례로 언급하였는데, 환경미화원은 공무원으로서 연금을 받을 수 있으며 새벽 4시에 출근하지만 오후 2시에 퇴근할 수 있어서 '투잡'(two-job)이 가능하기 때문에 경제적으로 편하게 살 수 있다고 했다는 것이다.

현승이 엄마는 실망스러운 마음에 소리를 질러 버렸다.

"길거리에서 쓰레기를 치우는 일이 어디 쉬운 줄 아니? 네 방을 한 번이라도 청소해 본 적 있니? 환경미화원은 결코 쉬운 직업이 아니야! 그러니 쓸데없는 생각 말고 공부나 해!"

　사납게 혼을 냈으니 알아들을 줄 알았는데, 저녁에 아빠가 퇴근해서 돌아오자 현승이는 아빠에게도 꿈을 환경미화원으로 바꾸겠다고 말하는 것이었다. 현승이 엄마는 감정을 자제하면서 현승이에게 알아듣도록 타일렀다. 새벽에 일어나는 것도 어렵고, 집 청소도 힘든데, 길거리 청소는 얼마나 더 힘들겠냐는 식으로 차근차근 설명했다.

　하지만 엄마의 기대는 빗나갔다. 다음 날 이모들이 방문했을 때 현승이는 이모들에게도 꿈을 환경미화원으로 바꿔야겠다고 말했다. 현승이의 부모는 특정 직업을 천시하는 의도가 아니라, 현승이가 그 직업을 선택한 이유가 마음에 들지 않았다. 현승이가 큰 뜻을 품고 공부에 열중하기를 바라는데, 벌써부터 편한 길을 찾으려는 자세에 실망한 것이다.

　현승이 부모의 고민을 듣고 나는 생각해 보았다. 애초에 현승이는 왜 의사가 되고 싶었을까? 혹시 현승이에게는 동네 소아과 의사선생님들이 청진기로 아이들을 진찰하면서, 약을 처방해 주는 모습이 편하게 보였던 것은 아닐까? 현승이는 단지 돈을 편하게 벌면서 존경받는 직업으로 의사를 말했던 것은 아닐까? 부모는 현승이가 열심히 공부할 것으로 기대하면서 기뻐했겠지만, 정작 현승이는 편하게 살고 싶은 마음으로 의사를 꿈으로 말했던 것은 아닐까? 그런데 학년이 올라갈수록 의사가 되려면 성적이 탁월하게 좋아야 한다는 사실을 알게 되었고, 공부를 열심히 해도 의사가 되지 못할 수도 있음을 알게 되면서, 보다 쉽고 편한 직업으로 환경미화원이 눈에 들어

온 것은 아닐까? 그렇다면 의사가 되고 싶은 이유를 묻지도 않고 덮어놓고 좋아했던 것이 문제의 시발점은 아니었을까?

어린 초등학생에게 의사냐 환경미화원이냐가 절대적인 사안은 아니다. 현승이가 어떤 생각으로, 어떠한 신념으로 꿈을 말하는지가 더욱 중요하다. 현승이의 가족은 이제라도 삶의 철학, 신념에 관한 대화를 시작해야 한다. 힘들더라도 도전하면서 공부에 열중하기를 바라는 부모와, 편하게 살고 싶은 자녀 간의 가치관의 차이를 발견한다면 이번 일은 오히려 다행스러운 계기라고 할 수 있다.

이제라도 자녀와 신념에 관한 대화를 시작한다면 이는 다행이다. 어리다고 얕보지 말고 자녀가 생각하는 삶의 철학, 신념에 대한 질문을 던져 보아야 한다. 자녀가 어떤 희망 직업을 꿈으로 말하느냐는 그다지 시급하지 않다.

부모는 자신의 신념을 자녀와 소통함으로써 자녀들의 삶의 철학과 신념을 형성하는 데 지혜롭게 참여해야 한다. 부모가 질문을 던질 때 자녀는 생각을 시작할 수 있다.

추구하는 신념에 따라 동일한 직업인일지라도 전혀 다른 행동을 보인다. 예를 들어 대학 교수들도 본인의 신념에 따라서 행동 양상은 판이하게 다르다. 노벨상을 목표로 연구에 집중하거나, 후학 양성에 열중하거나, 사회 운동을 하거나, 기업 활동에 기여할 수도 있다. 정치인이라도 모두 같은 정치인이 아니다. 신념이 분명한 사람은 희망 직업을 넘어서는 꿈에 도전하며 살 수 있다.

아이의 신념 형성에 부모가 관여하지 않는다면 자녀는 어떤 가치를 주요한 신념으로 추구하게 될까? 십중팔구는 돈을 주요한 가치 관으로 추구하게 될 가능성이 높다. 결국 돈 때문에 공부하고, 돈을 버는 것이 가장 중요하다는 물질만능적인 신념을 추구할 가능성이 높다.

돈을 최고의 가치라고 주입시키는 대중매체

요즘은 초등학교 저학년들도 꿈을 물어보면 금전적인 것과 결부 시키는 경향을 쉽게 확인할 수 있다.

"돈을 많이 벌어서, 세계일주 하면서 놀고 싶어요."

학생들은 자신도 모르는 사이에 '황금만능사상'을 삶의 철학, 신 념으로 받아들이는 것이다. 학생들은 어떤 경로로 황금만능사상을 신념으로 받아들이는 걸까? '돈을 많이 벌어야 행복하고, 돈이 없으 면 행복할 수 없다'는 신념을 어디에서 배우는 걸까?

초등학교 6학년 담임을 맡고 있는 임 선생님이 들려준 이야기 이다. 학년 초 실시한 조사에서 한 학생이 꿈을 '돈을 많이 버는 것' 이라고 적었기에, 임 선생님은 "돈 많이 벌어서 뭐 할 거니?"라고 물 었다.

"그냥 편하게 돈 쓰면서 사는 거죠. 텔레비전에서 보니깐 돈 많 은 게 최고던데요?"

천진하게 말하는 모습에 임 선생님은 기가 막혔다.

이 사례에서 짐작할 수 있듯이 아이들은 TV를 통해서 황금만능사상을 먼저 접한다. 매일 방영되는 드라마들은 이런 메시지를 자녀들에게 지속적으로 던진다.

'돈이 많으면 매력적인 이성과 사랑할 수 있어.'

'돈이 많으면 존경받을 수 있으며, 멋진 집에서 폼 나게 살 수 있어.'

막장드라마가 경이적인 시청률을 기록하면서 화제에 오르기도 하는데, 막장드라마에 등장하는 악인의 주된 동기는 바로 돈이다. 부모를 외면하거나, 자녀를 버리거나, 사람을 속이는 등 돈이라면 못할 것이 없다는 듯 행동한다. 가족이 둘러앉아 막장드라마를 자녀와 함께 시청하는 것이 우려스럽다. 부모는 재미 삼아 드라마를 시청하겠지만, 감수성이 예민한 자녀들이 막장드라마를 계속 시청한다면 무의식에 어떤 생각이 주입될지 걱정스럽다.

또한 TV에는 수많은 제품 광고들이 방영된다. 20초 안팎의 광고 영상은 빠른 화면 전환으로 시청자들의 감성을 자극한다. 광고들은 다음과 같은 메시지를 던지면서 시청자들의 무의식에 영향을 미치려 시도한다.

'돈이 많으면 이러한 비행기를 타고, 이러한 아파트에 살면서, 이러한 자동차를 몰고, 이러한 옷을 입고, 이러한 가방과 시계를 소유하고, 이러한 음식을 먹으면서, 편하고 폼 나는 삶을 살 수 있다.'

자녀들은 스마트폰을 통해서도 황금만능사상을 학습한다. 각종 게임, SNS, 영상 매체, 인터넷 포털 등에 유포되는 상업적인 광고들,

사진들, 영상물들을 통해 자녀들은 물질만능에 노출된다. 스마트폰을 활용하는 과정에서 자녀들은 빈부의 격차를 체감하면서 갈증을 느낄 수밖에 없다.

기업의 상술은 일반인들이 상상하는 이상으로 심리적이며 고도로 발전해 왔다. 이성적인 판단이 미숙한 10대들이 황금만능사상에 일찍 노출될수록 자신들의 매출이 늘어난다는 사실을 기업들은 잘 알고 있다. 아이들의 코 묻은 돈인 핸드폰의 소액 결제 방식이나, 문화상품권 결제 방식으로 올리는 매출이 천문학적이라는 사실은 인터넷 비즈니스 업계에서는 공공연한 상식이다.

2014년 10월 KBS는 '자녀의 스마트폰 사용에 대한 학부모들의 대처 실태'를 발표했다. 초·중·고 자녀를 둔 학부모 2,011명을 조사했는데, 초·중·고등학생의 약 70%가 스마트폰을 소지하고 있고, 학부모의 20%는 '스마트폰 관리 앱'을 이용해 자녀의 스마트폰을 통제하고, 40%는 스마트폰 사용에 따른 부작용이 발생하는 경우 '단말기를 압수하거나 통신 서비스를 해지'하는 등의 강압적인 방법을 동원하는 것으로 나타났다.

학부모의 32.9%는 '지도를 해도 잘 따르지 않는다', 27.3%는 '어떻게 사용하고 있는지 확인이 어렵다', 14.5%는 '구체적인 지도 방법을 모른다', 7%는 '자녀보다 사용법을 잘 알지 못한다' 등으로 학부모의 73.6%가 자녀의 스마트폰 통제에 어려움을 느끼고 있었다. '자녀의 스마트폰 사용 지도 방법에 대해 교육을 받은 경험이 있다'는 응답자는 11.3%에 불과하여 10명 중 9명은 구체적인 지도 방법조차 모르는 것으로 나타났다. 학부모의 대다수인 78.3%는 스마트폰의 '과도한 사용 시간 제한'에 중점을 둘 뿐이며, '불건전한 사용 내용 제한'을 하는 학부모는 16.5%에 불과했다. 즉 학부모들은 스마트폰의 활용 방법에 관한 지도보다는 사용 시간을 제한하는 수준이었다.

TV나 스마트폰, 컴퓨터가 나쁜 영향만 있는 것은 아니다. 좋은 쪽으로 활용되는 여지도 있다. 따라서 무조건 막을 수는 없겠지만 가능한 한 이들의 사용을 제한하고, 부모와 자녀가 지속적으로 스마트폰 사용 범위와 시간에 대해 협의해야 한다.

2004년 EBS에서 방영된 특집 다큐멘터리 "TV가 나를 본다: 20일간의 TV 끄기 실험"은 수도권 131가구를 대상으로 20일 동안 TV를 끄고 생활하면서 달라지는 가족의 모습들을 보여 준다.

실험 초기 아이들은 TV를 켜 달라며 울기도 했고, 어른들은 이웃에게 연속극의 내용을 전화로 묻기도 했다. 하지만 실험이 진행되면서 변화가 나타났다. 학교에서 돌아온 아이들은 방을 치우고 숙제를 하기 시작했다. 집안일을 적극적으로 거드는 남편들이 나타났으며, 자녀와의 대화 및 놀이 시간도 늘어났다. 참가자들은 가족 간의 대화, 독서, 음악 감상, 집안일 등을 많이 했으며 일찍 자고 일찍 일어나게 됐다고 응답했다.

이제 TV와 스마트폰에 빼앗겼던 자녀와의 대화 시간을 확보해야 한다. 부모로서 우리는 자녀의 신념 형성에 지혜로운 방법으로 관여해야 한다. 자녀들을 방치한다면 자녀들은 돈을 인생에서 가장 중요한 신념으로 추구하게 될 가능성이 높다.

'무엇을 위해서 살고 싶은가?'라는 주제로 자녀와 대화를 시작해 보자. 막상 대화를 해 보면 자녀들은 별 생각이 없거나, '돈 벌어서 편하게 살고 싶다' 정도를 말할지도 모른다. 일단 무엇을 말하든 그 생각을 비난해서는 안 된다.

자녀가 엉뚱하게 이야기하더라도 '그렇게 생각하는구나'라고 말해 주고 덧붙여서 부모의 생각을 말해 주면 된다. 부모가 자신의 신념을 이야기하는 것을 보면 자녀들도 자신만의 신념을 생각해 볼 것이다.

꿈 찾기 프로젝트 #12

부모님이 가진 삶의 신념을 자녀들에게 이야기해 주면서 자녀와 대화해 보세요.

공부를 열심히 해야 하는
의미를 찾을 수 있다

🦅 대학만 가면 미래가 열릴까?

많은 부모가 자녀에게 '아무 생각하지 말고 공부만 열심히 해라'라고 주문한다. 이 말은 보통 중·고등학생들이 자주 듣는 말인데, 부모들은 다 큰 대학생 자녀들에게도 여전히 똑같은 조언을 한다.

그래서인지 학생들은 대학에만 들어가면, 혹은 군대를 다녀오면, 취직을 하면, 결혼을 하면 뭔가를 찾을 수 있겠지, 꿈이 생기겠지 하는 식으로 막연한 기대를 품는 경우가 많다. 그러다 보면 고민은 계속 다음으로 미뤄진다. '그때가 되면 어떻게든 되겠지'라는 생각으로 시간을 흘려보내다 보면 아무것도 얻어지지 않는다. 그때가 되어도 자신은 그다지 발전하지 못했으며 꿈이 생기지도 않는다. 예전부터 따라다니던 고민이 똑같이 계속될 뿐이다.

시간이 흐른다고 해서 꿈이 저절로 생겨나지는 않는다. 꿈이 없어서 막막한 자녀에게 아무 생각 말고 공부만 하라는 것은 무책임한 주문인지도 모른다.

자녀의 입장에서 생각해 보자. 공부를 하면서 자신의 미래에 대해 고민하지 않는 것이 가능한 일인가? 이 책을 읽는 부모들도 학창시절에 어른들로부터 아무 생각하지 말고 열심히 공부하라는 조언을 들었겠지만, 그렇다고 해서 생각이 없지는 않았을 것이다. 그것은 공부를 잘하고 못하고의 문제가 아니다. '아무 생각이 없는데 열심히 공부할 수 있는 것'은 그 자체로 굉장한 능력이며, 소수의 사람에게만 허락된 특별한 재능이다.

미래에 대해 고민하지 않으면서 오로지 공부에만 매진하는 것이 과연 바람직한 일인가? 미래에 대한 고민을 미루면서 공부에만 집중하라는 조언이 정말로 올바른가? 미래를 틈틈이 그려 보면서 공부할 때, 공부를 왜 해야 하는지 생각하게 되고, 공부의 의미를 상기할 수 있어 현재의 공부에 최선을 다할 수 있는 것이다.

부모 입장에서는 자녀가 공부를 소홀히 할까 싶은 염려스런 마음에 하는 조언이겠지만, 자녀의 고민을 훗날로 미루는 것이 능사는 아니다.

이를 위해 자녀를 가르치기보다는 대화를 통해 부모의 생각을 자녀에게 전하는 것이 좋다. 부모는 자신이 어떤 마음으로 직장생활을 하고, 가정을 꾸리고, 자녀들을 양육하고 있는지에 대해 솔직하게 얘기해 주는 것이다. 그러한 이야기에서 자녀들은 무엇을 위해 공부해야 하는지에 대한 자신만의 신념을 형성하게 될 것이다.

🦋 드림 킬러가 아닌 드림 메이커 부모 되기

교직 생활 23년차 김 선생님은 대입 진학의 베테랑으로서 최선을 다해 학생들을 지도해 왔다. 김 선생님은 간판이 좋은 대학에 합격시키는 것을 최우선 목표로 학생들을 독려해 왔다. 대학 간판만 좋다면 이름도 생소한 학과에 학생을 설득하여 합격시키고 그것에 흡족해하면서 스스로 유능하다고 자부해 왔다.

능력을 인정받은 김 선생님은 학교의 진학팀장을 맡게 되었으며, 3년 동안 학생들을 위한 대입 전략 설명회를 개최하고 '학부모를 위한 서울시 OO구 대입 전략 설명회' 강사로 학부모와 학생들을 대상으로 입시설명회를 개최하는 등 대학 입시 전문가로 활발하게 활동했다.

어느 해 3월 재학생들을 위한 대입 전략 설명회가 있는 날이었다. 김 선생님은 그날도 화면에 엑셀 파일을 열어 선배들의 합격, 불합격 점수들을 학생들에게 보여 주는 식으로 설명회를 마치고 나오는 길이었다. 그때 앞서 가는 1학년 신입생들의 대화에 김 선생님은 큰 충격을 받았다.

"입시 설명회를 듣고 보니 나는 갈 대학이 없어. 그 선생님의 말을 안 듣는 게 나을 뻔했어. 저 선생님은 '드림 킬러'야. 저 선생님은 보기도 싫어!"

김 선생님은 뒤통수를 얻어맞은 듯 가슴이 철렁 내려앉았다. 김 선생님은 학생들이 현실을 직시하길 바라고 좋은 대학에 가려면 더 열심히 공부해야 한다는 의도였지만, 실제로는 적지 않은 학생들의 자신감을 꺾어 버렸고 꿈조차 꾸지 못하게 만든 것이었다. 김 선생님은 자괴감에 며칠 동안 잠을 이루지 못했고, 그해에는 고3 담임으로서 자신감도 잃어버렸다.

극심한 슬럼프를 겪은 끝에 김 선생님은 학생들의 '드림 메이커'가 되어야겠다고 다짐했으며, 학생들이 꿈꿀 수 있도록 도와주기로 결심했다. 그러한 시도의 일환으로 김 선생님은 두 가지 신념을 학생들에게 심어 주기 위해 노력했다. 첫 번째 신념은 '어떤 상황에서든지 긍정적인 마음으로 최선을 다해 노력한다면, 꿈을 이룰 가능성은 커진다'이며, 두 번째 신념은 '열심히 공부해서 1점이라도 올리는 성취를 경험해 보자. 그러한 경험으로 도전하는 삶을 살자'였다.

첫 수업 시간에 김 선생님은 자신의 신념을 말해 주고, 1년 동안 열심히 공부해서 현재에서 1점이라도 올리는 성취를 경험해 보자고 학생들에게 당부했다. 그러한 경험을 통해서 자신이 원하는 대학에 입학하고, 이를 기반으로 더 큰 꿈에 도전하자고 학생들을 격려했다. 그리고 김 선생님은 자신의 교과목인 지구과학을 가르치는 일에 혼신의 힘을 다했다. 학생들도 김 선생님의 열정적인 모습에 자극을 받아 공부에 대한 열의를 갖게 되었다.

그 결과 전국 모의고사에서 7~9등급을 받던 학생들의 성적이 올랐고, 학급의 40%가 넘는 학생들이 지구과학에서 1등급의 성적을 거두었다. 특히 꼴찌였던 학생은 국·영·수는 8, 9등급이었지만 지구과학에서만큼은 1등급을 받아 자신감을 얻었으며, 뒤늦게 시작한 수학에서도 3등급을 받아 결국 희망하던 학과에 진학하게 되었다.

아이들에게 올바른 신념을 얘기하고, 교사와 학생, 또는 부모와 자녀 사이에 함께 노력해 보자는 공감대가 형성된다면 이때 생기는 시너지 효과는 무척 커진다. 공부하는 이유가 다른 아이들과의 경쟁에 이겨 좋은 대학에 들어가기 위함이라는 편협한 생각에서 벗어날 수 있으며, 자신의 신념을 향해 나아가는 노력, 작은 것이라도 성취를 맛보는 과정에서 공부의 의미를 찾을 때 그 효과는 폭발적이다.

"좋은 대학에 갈 것 같지도 않은 제가 공부를 왜 해야 하나요?"

성적이 낮은 학생들은 이렇게 답답함을 호소하는데, 여기다 대고 "좋은 대학에 가려면 공부를 열심히 해야 한다"라고 조언한다면 이는 자녀를 두 번 죽이는 꼴이다.

공부만 잘하면 다 된다는 식의 어른들의 이야기는 성적이 하위권인 학생들을 주눅 들게 만들고 벌써부터 실패자로 낙인찍어 버리는 부작용을 초래할 수도 있다.

또한 성적이 좋아야만 공부에 의미가 생기는 것은 아니다. 성적이 나쁠지라도 최선을 다해서 공부해야 하는 이유들은 무궁무진하다. '공부를 잘해야 좋은 대학에 가고 좋은 직업을 가지고 편하게 살 수 있다'라는 편협한 가르침을 접하다 보면, 성적이 나쁘면 공부할 필요가 없다는 이상한 결론이 나와 버린다.

성적이 좋든지 나쁘든지 공부를 열심히 하는 데에는 무수히 많은 의미들이 있다. 인생에서 생각하는 힘을 키우는 과정으로써의 공부,

노력하는 자세를 익히는 공부, 좌절을 극복해 내는 경험으로써의 공부, 작은 부분이라도 성장하고 성취를 맛보는 공부 등 이루 헤아릴 수 없이 많은 의미를 발견할 수 있다. 아무리 어려운 일이라도 최선을 다하고 그러한 결과를 겸허하게 받아들이는 속에서 자신을 발전시키는 공부는 그 자체로 의미 있는 활동이다. 공부를 반드시 잘해야만 의미가 생기는 것은 아니다.

꿈 찾기 프로젝트 #13

자녀에게 공부를 열심히 해야 하는 이유를 물어보세요.

공부라는 활동이 가진 다양한 의미들을 자녀에게 설명해 주세요.

공부를 열심히 해야 하는 의미 10가지를 함께 작성해서 토론해 보세요.

삶에서 의미를 발견하는
훈련이 필요하다

🕊 좋아하는 일이 꼭 재미있는 일은 아닐 수 있다

　사람들은 이왕이면 재미있는 것을 하고 싶어 한다. 아이들은 재미를 추구하는 성향이 어른보다 강하다. 철이 든다는 것, 성숙해진다는 것은 어쩌면 세상일들이 항상 재미를 보장하지 않는다는 것을 깨달아 가는 과정인지도 모른다.

　규정이는 꿈 찾기 프로젝트를 통해서 꿈을 만들었는데, 규정이의 꿈은 '유통업 분야에서 회사를 창업하여 경영하면서 복지재단을 설립하여 사람들을 도와주는 삶을 사는 것'으로 정했다.

　규정이는 대학을 졸업하고 백화점에 취직하는 것을 일차적인 목표로 정했다. 그래서 방학 동안 백화점에서 아르바이트도 하고 취업을 염두에 둔 인턴 활동도 했다. 어느 날 규정이가 찾아와 상담을 요청했다.

"교수님, 유통 분야를 꿈으로 정하고 노력해 보았는데 저의 길이 아닌 것 같아요. 막상 가 보니 별로 재미가 없었어요."

학생들은 입버릇처럼 '재미'를 말한다. "그거 재미있어? 재미없어?" 일의 판단 기준을 재미와 연관지어 말하는 경우가 많다. 재미를 추구하기 때문인지 결과적으로 참을성이 약해진다. 대학에서도 강의 내용이 어렵거나 재미가 없으면 스마트폰 게임이나 SNS, 동영상 등으로 시선을 돌리는 대학생들이 있다.

나는 규정이에게 말했다.

"규정아, 아무리 좋아하는 꿈일지라도 항상 재미있는 것은 아니야. 노력하는 과정에서 어려움을 겪는 순간들이 있어. 그럴 때마다 포기하면 우리는 어떤 것도 제대로 도전하기 어려울 거야. 다른 분야에 새롭게 도전할지라도 항상 재미있을 수만은 없단다."

재미와 의미가 함께할 때 비상한다

이 책의 3장에서는 자녀가 좋아하는 꿈에서 시작해야 함을 강조하였다. 원하는 인생을 계획함에 있어서 본인에게 재미있는 분야를 선택하는 것은 너무나 당연한 의사 결정이다. 하지만 자신에게 재미있는 분야에 도전할지라도, 노력하는 과정이 항상 즐거운 것만은 아니다. 힘들고 어렵고 짜증나는 고비들이 번번이 찾아오기 마련이다.

그래서 '재미'가 있어야 하지만 '의미'도 함께 있어야 한다. 의미는 없고 재미만 추구한다면 스마트폰 게임이 가장 적합할 것이다. 반대로 의미는 있어도 재미가 도무지 없다면 이는 희생이다. 평생을 희생만 하면서 살 수는 없는 노릇이다. 그러므로 자녀가 어떤 일에서 재미를 느끼는지, 또한 그 일에서 어떤 의미를 찾을 수 있을지를 물어보아야 한다.

우리는 삶에서 의미들을 발견할 수 있어야 하는데, 일상적인 삶에서 의미를 발견하는 것에는 어느 정도 훈련이 필요하다.

어떤 인생을 선택하든지 기본적으로 재미와 함께 의미가 있어야 한다. 재미와 의미는 비행기의 양 날개와 같아 한쪽이라도 결여되어 있다면 균형을 잡지 못하고 추락할 것이다.

무엇이든 제대로 하려면
그것에 미쳐야 한다

세상에 쉬운 일은 하나도 없다

어른들이 만났을 때 빈번히 등장하는 대화의 주제는 역시 돈이다. 집을 어떻게 장만하면 좋을지, 직장을 언제까지 다니면 좋을지, 수입을 어떻게 늘릴 수 있을지, 어떤 사업을 해야 돈을 많이 벌 수 있을지, 노후 자금은 어떻게 마련하면 좋을지 등이다.

대학생들끼리 만나도 분위기가 무르익으면 대화의 주된 내용은 앞으로 어떻게 먹고 살지에 대한 고민이다. 대기업 취업을 위해 스펙을 쌓을지, 공무원 시험을 준비할지, 창업을 할지 등으로 대화가 이어진다.

중·고등학생들도 앞으로 돈을 어떻게 벌 것인지를 서로 얘기한다. 학교에서 진로 교육이라는 명목으로 희망 직업을 이른 시기에 결정하도록 독려하므로 어린 학생들조차도 먹고살아갈 문제를 고민한다. 그러한 대화의 끝에 누군가는 꼭 이런 말을 한다.

"세상에 쉬운 일은 하나도 없어. 남이 해놓은 것이 쉬워 보여도 막상 하려고 들면 어려워. 대충 편하게 마음먹으면 망하기 쉬워. 뭐든 제대로 해야 돈을 벌 수 있어."

무엇이든 제대로 해내려면 그것에 미쳐야 한다. 미칠 것 같은 심정으로 달려들어야 하며 그래야 전진할 수 있다. '편하게 돈을 벌겠다'는 심산이라면 남는 것 없이 마음고생만 하게 될 가능성이 크다.

인생으로 치면 최소 10년 정도는 투자할 각오를 다져야 한다. 1~2년 정도 노력하겠다는 심산이라면 빈손으로 그만두게 될 확률이 90퍼센트 이상이다. 사업이 잘 풀리는 경우에도 초기 투자비를 회수하기까지는 적지 않은 시간이 걸린다. 천운이 따라주는 경우를 제외하고는 초반에 대박을 치는 경우가 드물기 때문이다.

하다못해 취미도 마찬가지다. 취미를 3년 이상 유지하기도 말처럼 쉬운 일이 아니다. 어떤 취미라도 3년 정도 지나면 성장이 정체되는데, 이러한 속에서 취미를 지속하기는 꽤나 지루하고 고통스러울 수 있다.

내 주변에는 수준급의 골프 실력을 자랑하는 임 교수가 있다. 임 교수는 미국에서 유학하던 시절 골프를 처음 접했다. 처음이었지만 골프는 정말 재미있었다. 돈 없는 유학생인지라 레슨을 받을 수 없어서, 골프에 관한 책을 10권 정도 독파했다. 하루는 '골프채의 내부는 어떻게 생겼기에 골프공을 멀리까지 날려 보낼까?' 하는 궁금증이 들어 마트에서 10달러짜리 골프채 몇 개를 구매해서 집에서 골프채의 내부를 분해했다고 한다.

임 교수의 얘기를 들으면서 나는 '이분은 골프에 미쳤구나' 하고 생각했다. 그렇기 때문에 골프 약속이 있거나 지구 반대편에서 열리는 골프 대회 중계를 시청하려고 새벽 4시에 눈을 번쩍번쩍 뜨는 것이다.

무엇이든 제대로 하려면 그것에 미쳐야 한다. 미치지 않으면 노력을 지속하기가 어렵다. 즐기는 취미일지라도 그러한데 인생의 도전에는 더 말할 나위가 없을 것이다.

'그렇게까지 할 필요가 있나?' 하는 의문이 머릿속에 떠오를지도 모른다. 하지만 뭔가에 미친 사람들은 이러한 의문에도 아랑곳하지 않고 그렇게까지 할 필요가 있나 싶은 도전을 감행해 나간다.

어떤 분야에 진출하더라도 그 분야에 미칠 수 있어야 한다. 전망이 아무리 좋아도 본인이 건성이라면 성과를 얻기 어려우며, 전망이 어둡다고 알려진 분야일지라도 미쳐서 달려들면 의외의 성과를 거둘 수 있다.

❦ 자신에게 중요한 일이라야 미친다

　그렇다면 어떻게 미칠 수 있을까? 미치기 위해서는 그 일이 본인에게 중요한 의미로 여겨져야 한다. 예를 들어 가족의 생명이나, 건강, 자녀의 미래가 결부된다면 우리는 초인적인 능력을 발휘할 수도 있다. 어떤 일에서 의미를 발견하기 위해서는 자신이 중요하게 생각하는 신념과 합치되어야 한다.

　의미가 부족한 일에 미치기는 쉽지 않으며 최선을 다하기도 어렵다. 그런 의미에서 우리 자녀들의 신념을 먼저 확인해야 한다. 자신의 신념에 부합하는 분야라야 우리는 미칠 수 있으며, 한계를 넘어서까지 노력할 수 있기 때문이다. 돈은 결과적으로 많이 벌 수도 있고 그렇지 않을 수도 있다.

　한국계 최초로 미국 백악관 차관보 직급까지 오른 고(故) 강영우 박사는 어릴 때 축구공에 눈을 맞아 실명하고, 어려운 환경에서 자랐지만 미국으로 유학 가서 1976년 한국인 최초의 시각 장애인 박사가 되었다. 2001년부터 2009년까지 미국 백악관 국가장애위원회에서 정책차관보를 역임했으며, 유엔 세계장애위원회 부의장을 지내면서 전 세계 장애인들의 복지를 위해 헌신하다가 2012년 2월 세상을 타계하였다.

　내가 강영우 박사를 주목하는 이유는 강영우 박사의 큰아들이 안과 의사가 되었다는 사실이 각별하게 느껴졌기 때문이다. 큰아들은 시각 장애인인 아버지의 눈을 치료해 주고 싶어서 어린 시절부터 안과 의사가 되겠다는 꿈을 품었다고 한다. 어린 아들이 사랑하는 아버지의 시력을 회복시켜 주기 위해 안과 의사가 되고야 말겠다는 꿈을 키운다면, 이 꿈은 그 아들에게 어떤 의미로 여겨질까? 이러한 꿈을 추구한다면 그 아들은 어디까지 노력할 수 있었을까? 한계를 넘어서는 노력을 쏟아부을 수 있지 않았을까?

사람들은 좋은 집에 살고, 잘 먹고, 잘 입기를 고민하면서 돈에 관한 대화를 나누지만, 그러한 대화에서는 어떠한 열정도 찾아보기 어렵다. 신념에 기반한 꿈을 향할 때 열정을 쏟을 수 있으며 사람들이 상상하지 못하는 도전도 감행할 수 있다.

꿈 찾기 프로젝트 #14

자녀가 종일 몰입할 수 있는 분야, 미칠 수 있는 분야가 무엇인지 물어보세요.

가족이 함께 각자 자신이 몰입할 수 있는 분야는 무엇인지 나눠 보세요.

인생의 가치 발견하기

🦋 변치 않는 신념이 인생을 리드한다

꿈을 만들기에 앞서서 자녀의 신념을 우선 확립할 필요가 있는데, 돈을 가치 있게 사용하는 방법, 공부의 의미를 발견하는 방법, 삶에서 만나는 갈등이나, 선택의 기로에서 중심을 잡아 줄 수 있는 방안으로써 신념의 정립이 무엇보다 절실하다. 10년, 20년 후의 직업 환경은 급변할 것이다. 하지만 삶에서 추구하는 신념은 변하지 않는다. 변화하는 직업을 좇을 것이 아니라 변하지 않을 의미 있는 신념을 추구해야 한다.

사람의 신념은 가치관에 근거해서 만들어진다. 가치관이란 사람, 일, 사물 등이 나에게 중요한 정도를 가늠하는 판단 기준이다. 가치관은 사람마다 다를 수 있는데, 어떤 대상을 보았을 때, 중요하게 여기는 정도가 사람마다 다를 수 있다는 뜻이다. 어떤 사람은 '일'을 가장 중요하게 생각할 수 있으며, 어떤 사람은 '가정'을 중시할 수 있고, 어떤 이는 '나 자신'을 중시할 수 있다. 가족의 일원일지라도 부모와 자녀 간의 가치관은 서로 다를 수도 있다.

고등학교 교사인 원 선생님은 교회의 학생부에서 고3 여학생들을 지도해 오고 있다. 어느 날 한 학생이 상담을 하고 싶다면서 찾아왔다. 지금까지 그 여학생은 경영학과에 진학하고 취직해서 돈을 벌겠다고 생각해 왔다. 그런데 막상 3학년이 되어 전공을 정하려고 하니 자신이 원하는 것은 이게 아니라는 생각이 떠나지 않았다.

여학생은 어려서부터 음악을 좋아했고 독학으로 기타, 드럼 등을 익혀서 교회에서 봉사해 왔다. 하지만 부모님은 그런 활동들은 취미로 하라고 하여 다른 친구들처럼 공부를 했다. 성적은 나쁘지 않았지만 공부를 하면 할수록 '나는 왜 사는가' '앞으로 어떻게 살아야 하는가' 하는 고민이 생겼고, 이대로 대학에 진학하고 취업하는 것이 무슨 의미가 있을까 하는 생각도 들었다.

음악으로 사람들을 위로하고, 안식을 전해 주는 것이 자신에게 큰 의미로 여겨졌다. 자신이 원하는 일을 하면서 사람들과 소통하면서 삶을 의미 있게 살고 싶었다.

"전공을 바꾸기에는 너무 늦은 걸까요? 그래도 저에게 의미 있는 분야를 공부하고 싶어요."

여학생은 부모님과 학교 선생님이 반대하는데 원 선생님은 어떻게 생각하는지 물었다. 여학생은 단순히 공부가 힘들어서 이런 고민을 시작한 것이 아니었다. 이제 와서 진로를 바꾸기보다는 그냥 경영학과에 지원하는 편이 훨씬 수월할 수도 있다. 하지만 여학생은 꿈 없이 남들을 따라 무의미하게 살아가기가 싫었다. 좋은 직업을 갖지 못하고, 돈을 많이 벌지 못할지라도 자신이 원하는 인생을 살고 싶은 것이다.

여학생은 구체적인 계획까지 세워 놓았다. 전공을 변경하기에는 늦었기 때문에 올해는 기초를 닦기 위해 맹렬히 연습해서 내년에 대학에 진학하겠다고 생각하고 있었다. 부모님은 레슨비를 지원해 주지 않겠다고 하셨는데, 일단 언니의 도움을 받다가 자신의 힘으로 레슨비를 마련하겠다고 말한다.

원 선생님이 보기에 여학생은 깊은 고민 끝에 결심을 이미 굳힌 상태로 보였다. 그래서 지지해 주기로 결정하고 말해 주었다.

"지금이라도 꿈을 고민하게 된 것은 다행이라고 생각해. 그렇다면 네 말대로 길게 보고 준비를 철저히 하자. 네 말대로 음악을 꼭 하고 싶다면 실용음악과에 들어갈 준비를 할 수 있어. 혹은 경영대에 진학한 후 음대를 복수전공으로 할 수도 있겠지. 다양한 가능성들을 검토하면서 책임감을 가지고 최선을 다해 도전하면 좋겠구나."

직업이 삶의 목적은 아니며 돈을 버는 것 역시 목적일 수는 없다. 자녀의 행복이 우선이며, 그러기 위해서는 자녀의 신념과 가치관을 점검해 보고 그것에 부합하는 꿈을 고민해 나가야 할 것이다.

🦋 가치관을 점검하면서 꿈을 만든다

가치관을 점검하면서 꿈이 만들어지는 경우도 더러 있다. 가치관을 점검함으로써 꿈이 만들어지지 않을지라도 가치관을 점검해 보는 것은 중요하다. 자녀들의 가치관은 아직 미완성이며, 만들어 가는 과정 중에 있음을 상기하면서 가치관을 점검하고, 생각해 볼 수 있는 기회로 삼자.

자녀의 가치관을 무료로 검사해 볼 수 있는 방법이 있는데, 커리어넷(www.career.go.kr)에 접속해서 '진로심리검사 → 직업가치관검사'를 하거나, 워크넷(www.work.go.kr)에 접속해서 '직업정보·심리검사 궁금하세요? → 청소년용 심리검사 → 직업가치관검사'를 통하면 검사를 받을 수 있다.

직업 가치관의 유형과 특징은 다음과 같이 정리될 수 있다.

유형	특징
능력 발휘	자신의 능력을 발휘하고 성취감을 얻을 수 있는 일
다양성	단조롭게 반복하지 않고 다양한 활동을 통하여 변화를 추구하는 일
보수	돈을 많이 벌 수 있는 일
안정성	쉽게 해직되지 않고 일생 동안 안정적으로 보장되는 일
사회적 인정	다른 사람들에게 인정받을 수 있는 일
지도력 발휘	사람들을 통솔하고 이끌 수 있는 일
더불어 일함	다른 사람들과 서로 협력하며 할 수 있는 일

사회봉사	사람들을 구체적으로 도와주고 어려운 이웃을 돕는 일
자기계발	앞으로 더 발전하고 배울 수 있는 가능성이 있는 일
창의성	자신이 아이디어를 내 새로운 시도를 할 수 있는 기회가 많은 일
자율성	윗사람의 명령이나 통제 없이 스스로 일을 계획하고 추진할 수 있는 일

꿈 찾기 프로젝트 #15

자녀의 인생에서 소중하다고 생각되는 가치들에 대해 물어보세요.
어떤 가치를 추구하면서 살아가야 할지 대화해 보세요.

가정에서 "가치조각 버리기 활동"을 해 보세요.
  – A4용지에 20개의 가치가 적힌 표를 만들어 1장씩 나누어 준다.

  – 각 사람은 가위나 칼로 오려서 20개의 가치 조각으로 분할한다.

  – 가치조각들 중에서 '가족' 및 '건강'은 반드시 지켜야 하므로 각자 주머니에
    보관한다.

  – 나머지 18개 조각들 중에서 돌아가면서 가치조각을 3개씩 버리면서
    그 이유를 가족들에게 설명한다.

  – 가치조각 3개가 남을 때까지 이 과정을 반복한다.

  – 마지막 남은 3개의 가치조각들은 본인에게 가장 중요한 가치다.
    자신에게 남겨진 3개의 가치들이 중요한 이유를 서로에게 설명한다.

20개의 가치조각들

가족	사랑	건강	지식	지혜
우정	명예	권력	봉사	열정
꿈	리더십	안정	돈	성취
성실	정직	용기	도전	종교

6장.
삶의 목적을 추구하라

희망 직업을 넘어서는
삶의 목적을 찾게 하자

🕊️ 직업의 80%는 사라진다

"제 꿈이었던 직업이 사라졌어요!"

어떤 대학생은 중·고등학교 시절에 유망 직종이었기에 그 직업을 꿈으로 정하고 대학에 진학했는데, 군대를 다녀와서 보니 그 직업의 전망이 어두워져 진로에 대한 고민을 다시 하게 되었다. 그 학생의 입장에서는 기가 막힐 노릇이다. 하나의 직업을 인생의 목표로 삼았을 때 맞을 수 있는 혼란이다.

세계적으로 직업의 수는 자그마치 10만 개 이상이며, 우리나라의 직업은 1만 5,000개 정도다. 사회가 복잡해질수록 새로운 직업의 종류는 늘어나고, 직업들이 사라지거나 생겨나는 속도도 빨라진다. 이는 산업구조, 인구구성, 생활방식의 변화 등에서 비롯된다.

일부 급진적인 미래학자들은 20년 후에는 현존하는 직업의 80%

가 사라진다고 전망한다. 이를 뒤집어 생각해 보면 20년 후 직업의 약 80%는 지금은 없는 것들이다. 어떤 미래학자는 자녀 세대에서는 한 사람이 평생 20~40개의 직업들을 경험하며, 한 직장에 평균 5년 정도 머무르고, 직업 세계는 변화가 가속화되어 20~30년을 주기로 직업군의 대부분이 교체될 것이라고 전망하기도 한다.

미래의 직업 환경이 이처럼 빠르게 변모할 가능성이 있는데, 자녀가 현재의 희망 직업을 정해 놓고 그것을 유일한 목적으로 추구하는 것은 불안정한 일이다.

취업하기 위해 세상에 태어나는 사람은 없다. 희망 직업은 인생의 목적일 수 없다. 다만 삶의 과정일 뿐이다. 희망 직업을 삶의 목적으로 두지 않아야 하는 가장 큰 이유는 자녀의 안목을 근시안적으로 만들어 버리기 때문이다. 그 희망 직업이 인생의 전부인 양 추구하게 되고, 장애물이라도 만나면 삶이 끝나 버린 듯 좌절하기도 한다.

만일 자녀가 의사라는 직업을 원한다면 인생에서 어떤 목적을 추구할 수 있을까? 예를 들면 자녀가 "어린이를 도와주는 삶을 살고 싶으며, 그러기 위해 의사가 되고 싶어요"와 같은 목적을 말하도록 이끌어 주면 좋을 것이다. 그러한 자녀에게 부모는 이렇게 부연하여 설명해 주면 좋다.

"참으로 멋진 꿈이구나. 아빠는 그런 꿈을 꾸는 네가 자랑스럽단다. 의사가 될 수 있도록 노력해 보자꾸나. 그런데 의사가 되어 어린이를 도와줄 수도 있지만, 다른 직업으로도 어린이들을 도울 수 있단다. 어린이를 위한 작가, 화가, 음악가, 선생님, 정치가, 상담사,

사회복지사 등등 어떤 직업을 가지더라도 어린이를 도와줄 수 있어. 기업가가 되어 어린이를 위한 제품이나 서비스를 제공할 수 있고, 어린이재단을 설립할 수도 있단다. 열심히 노력해서 능력이 탁월해지면 직업 선택의 폭이 넓어질 수 있단다."

자녀가 교사를 꿈으로 말한다면 어떤 교사가 되고 싶은지 질문을 이어가 보자. 교사가 되고 싶은 목적이 무엇인지, 교사가 되어 학생들을 어떻게 도와주고 싶은지 등을 물어보는 것이다. 그러면서 궁극적으로 어떤 사람으로 살겠다는 인생의 목적이 정리될 것이다. 이때 직업은 상황에 따라 대체 가능함을 알려 주어야 한다.

직업이 아니라 의미를 좇는 삶

선배의 아들인 초등학교 5학년 민성이가 여름방학 숙제를 위해 내가 재직하는 대학에 방문한 적이 있다. 아이의 숙제는 여러 직장을 방문해서 관찰하고 해당 직업에 대한 보고서를 작성하는 것이었다. 민성이는 캠퍼스를 구경하고 강의실에서 기념사진을 촬영했으며, 나에게 궁금한 것들을 질문했다. 나를 바라보는 민성이의 눈빛은 사뭇 진지했다.

얼마 후 선배로부터 민성이가 그날 이후로 분위기가 달라졌다면서 '역사학 교수'를 꿈으로 정했다는 말을 전해 듣게 되었다. 민성이가 평소 역사를 좋아하며, 대학 교수는 방학이 있어 좋다고 했다. 나는 선배에게 이렇게 조언해 주었다.

"민성이가 꿈을 만들어 냈다는 것은 좋은 일이에요. 하지만 초등학생이 장래의 꿈을 희망 직업 하나로 정하는 것은 이르다고 생각해요. 민성이에게는 대학 교수라는 희망 직업 자체보다, 희망 직업을 추구하는 목적이 더 중요해요. 그 직업을 왜 가지고 싶은지, 무엇을 이루고 싶은지를 물어보아야 해요. 대화를 통해 바른 목적을 가질 수 있도록 이끌어 주세요."

선배는 그 후로 민성이에게 인생의 목적을 생각하게끔 틈틈이 질문을 던졌다. 처음엔 막막해했지만 민성이도 이내 생각들을 떠올렸다. 아이들은 확실히 적응이 빠르며 생각의 전환도 빠르다. 지속적인 대화를 나눈 결과 민성이는 희망 직업을 넘어서는 목적을 만들었다.

"역사학 교수가 되어 조상들이 빼앗긴 문화유산들을 환수해 오는 일에 공헌해 보고 싶어요."

역사에 관심이 많았던 민성이는 우리의 문화유산들이 강탈 당해 왔다는 사실을 알게 되면서 이를 분하게 생각했다. 적지 않은 문화재들이 해외를 떠돌고 있으며, 이를 돌려받기 위해서는 학자들의 전문적인 노력이 필수적인데, 이러한 분야를 연구하는 학자가 되고 싶다고 말했다.

민성이에게는 역사학 교수라는 희망 직업보다 '우리 문화유산을 지키고 싶다'라는 목적이 보다 유익하다. 초등학생이지만 민성이는 목적을 분명히 세울 필요가 있으며, 희망 직업은 얼마든지 바뀔 수 있음을 이해해야 한다. '문화유산 환수'라는 목적을 추구하면서 민성이가 대학 교수가 될 수도 있겠지만, 정치인이나 외교관이 되어도 좋고, 기업가가 되어서 재단을 설립해도 좋고, 기자, 작가, 미술가, 교사가 되어도 그러한 목적을 추구할 수 있다. 이러한 점을 이해한다면 민성이가 진로 때문에 좌절하거나, 꿈이 사라지는 목표 상실의 비극은 겪지 않을 것이다.

만일 민성이가 '역사학 교수'라는 희망 직업 자체를 목적으로 추구한다면, 민성이가 할 수 있는 노력은 그저 좋은 대학에 진학하기 위해 10년 가까이 열심히 공부하는 것이다. 민성이는 원래 공부를 열심히 하는 학생이었으니 그런 꿈이 생긴다고 해서 민성이에게 특별히 달라지는 것은 없다. 그러므로 '역사학 교수'라는 꿈은 민성이의 현재 삶에 영향을 주지 못하는 구호와 같게 된다. 이제 초등학생인 민성이가 대학에 진학하기까지 '되면 좋고 안 되어도 그만'인 구호와 같은 꿈을 가지고 공부하기엔 10년은 긴 세월이다.

하지만 '조상들의 빼앗긴 문화유산들을 환수해 오는 일에 공헌해 보고 싶다'라는 목적은 차원이 다르다. 공부를 열심히 하면서도 꿈을 위한 노력들을 지금부터 차곡차곡 쌓아 나갈 수 있다. 우리나라 문화재가 과연 얼마나 강탈당해 왔는지를 조사해 볼 수 있다. 학계의 관련 문헌들을 조사해 볼 수도 있으며 학자들의 논문들을 검색해 볼 수도 있다. 가족들과 일본이나 중국, 프랑스 등으로 여행을 떠난다면, 밀반출된 우리나라의 문화재들을 답사해 볼 수 있다. 해외여행의 목적이 달라지는 것이다. 이러한 경험은 공부의 폭을 넓혀 줄 뿐 아니라 공부하는 방법과 시야도 넓혀 줄 것이다. 이러한 활동들을 민성이의 방에 전시해 두거나, 포트폴리오의 형태로 기록해 담아 둘 수 있다.

요즘 대학에서는 신입생 일부를 입학사정관 전형을 통해 선발하는데, 그 인원이 매년 늘어나는 추세다. 입학사정관 제도는 미국에서 일반화된 제도로서 심층적인 면접을 통해 가능성 있는 신입생을 선발하자는 취지의 제도다. 나도 입학사정관으로 몇 번 참여해 보았는데 가장 우선적인 질문은 "지원자의 꿈은 무엇인가?" "그 꿈을 위해 지금까지 어떻게 노력했는가?" 등이다. 이러한 질문에 지원자들은 주로 희망 직업을 이야기하면서, 꿈을 위한 노력으로 전교회장이나, 반장, 부반장 등 봉사활동을 열심히 했거나 관련된 책들을 많이 읽어 보았다는 식으로 답변한다.

입학사정관 제도의 가장 큰 취지는 가능성을 발견하는 것이다. 민성이와 같이 평소에 꿈을 위해 도전하고 성장해 온 아이들을 발굴하는 것이다. 만일 희망 직업을 넘어서는 목적을 가졌다면, 예를 들어 민성이처럼 '역사학자가 되어 조상들의 빼앗긴 문화유산들을 환수하고 싶다'를 꿈으로 말하면서, 초등학교 시절부터 잃어버린 문화재들을 조사해 보고, 학계의 논문들을 정리하고, 해외의 박물관에 찾아가서 사진도 찍어 보는 등의 자료들을 포트폴리오 형태로 제시한다면, 면접관들에게 깊은 인상을 심을 것이다. 상급 학교에 진학하기 위해 억지로 꿈을 끼워 맞추라는 뜻이 아니다. 희망 직업을 넘어서는 목적을 추구한다면 부수적으로 이러한 소득도 수확할 수 있다.

민성이가 생각할 수 있는 목적은 이외에도 많다. 가깝게는 일본

과의 과거사 문제가 아직도 정리되지 않고 있다. 중국은 동북공정이라는 역사 프로젝트를 통해서 동북아의 패권 국가였던 고구려를 중국 역사의 일부로 귀속시키려는 야욕을 추진하고 있다. 이러한 주제들은 우리가 즉흥적으로 대처하기에는 결코 가볍지 않다. 중국이나 일본 학자들의 연구 자세는 훨씬 진지하고 세밀하다. 이러한 주제들 중 하나라도 정통하기 위해서는 역사학자가 인생을 걸고 밤낮으로 연구에 매진해야 한다.

민성이는 희망 직업 자체보다 사명감을 품을 수 있어야 한다. 초등학교 5학년이지만 그러한 사명감에서 비롯된 목적의식을 품는다면, 민성이는 어떤 어려움을 만나도 헤쳐 나갈 수 있을 것이다.

🦋 꿈이 현실이 되도록 만드는 부모의 긍정 자극

나는 아홉 살 큰아들과 꿈에 대한 대화를 자주 나누어 왔다.
"너는 요즘 어떤 꿈을 가지고 있어?"
"과학자가 되고 싶어요."
예전에는 경찰관, 소방관 등으로 꿈을 다양하게 말했지만, 최근 2년 동안은 줄곧 과학자를 꿈으로 말하고 있다.
"과학자가 되어서 어떤 일을 이루고 싶어?"
앞에서도 설명했지만 질문이 중요하다. 과학자가 되고 싶은 목적을 물어보지 않는다면 아이는 생각을 멈추고 과학자라는 희망 직업을 목적으로 추구할 가능성이 높아진다. 이러한 질문에 큰아들은 처음에는 딴청을 피우거나, 장난으로 답하거나, 앞뒤가 맞지 않게 답변했다. 어떻게 답변하더라도 나는 개의치 않았고 아이에게 더 크게 생각하게끔 기회를 주었다. 이러한 작업을 1년 이상 해 오던 어느 날 큰아들은 드디어 이렇게 답변했다.

"과학자가 되어서 물로 가는 자동차를 만들고 싶어요."

"이야! 그것 참 대단한 생각이구나. 그런데 물로 가는 자동차를 왜 만들고 싶니?"

"환경오염이 심해서 그래요. 물로 만드는 에너지는 무한한 청정 에너지원이에요."

"참 멋진 생각이다. 그런 과학자가 되려면 어떻게 노력해야 할까?"

"그런 과학자가 되려면 과학뿐 아니라 환경에 대한 책도 더 많이 읽고, 공부를 열심히 해야 돼요."

"그렇구나. 이렇게 훌륭한 생각을 하는 네가 매우 자랑스러워."

아홉 살 아들과의 대화가 항상 이렇게 흘러가지는 않지만 이날의 대화에서 나는 말할 수 없이 큰 기쁨을 느꼈다. 큰아들이 책을 읽고 공부를 열심히 하는 의미를 자신의 꿈 때문이라고 스스럼없이 밝히는 표정은 감동적이었다.

그날 이후로 나는 즐거운 고민을 시작했다. 물로 가는 자동차를 만드는 과학자로 키우려면, 나는 아들을 어떻게 도와주어야 할까? 아들이 원하는 목적을 이뤄 갈 수 있도록 긍정적으로 도와줄 수 있는 방법은 없을까? 그러한 마음으로 과학이나 공학 분야 교수님들과 만나는 자리가 있으면 나는 진지하게 이 분야에 대해 물어보았다.

아이의 전공으로 물리학이나 화학, 기계공학 등을 추천하는 분도 있고, 학부는 철학이나, 수학을 전공하고 공학 분야의 대학원에 진학하면 어떻겠느냐고 말씀하시는 분도 있었다. 친환경 에너지 분야를 연구하는 분야에서 선도적인 미국의 대학을 알려주기도 했다.

나는 내친김에 친환경 에너지 분야의 논문들을 검색해 큰아들에게 보여 주었다.

"이 분야는 주로 미국인 과학자들이 열심히 연구하고 있는 것 같아. 이러한 과학자들과 대화하고, 토론하고, 교류하려면 아무래도 영어를 열심히 공부해야 할 것 같아."

이러한 대화를 몇 번인가 주고받은 이후부터, 내 느낌인지 모르겠지만 큰아들이 영어를 진지하게 공부하는 것 같다.

자녀가 과학에 관심이 많다면 과학 분야의 논문들을 몇 편이라도 소개해 줘도 좋다. 영어를 열심히 공부하라는 의도로 활용할 수 있겠지만, 고학년이라면 논문의 내용 자체에 흥미를 가질 수 있으며, 이러한 연구들을 조사해 보는 것은 살아 있는 공부가 될 것이다.

논문을 검색할 수 있는 방법은 구글(google)에서 운영하는 '구글스칼라'(scholar.google.co.kr)라는 논문 검색 사이트를 활용하거나, '사이언스 다이렉트'(www.sciencedirect.com)라는 과학자들이 주로 활용하는 논문 검색 사이트를 활용하면 된다.

언론에서 빈번히 언급되는 과학 분야 학술지로서 일반인들에게도 친숙한 네이처(www.nature.com)나, 사이언스(www.sciencemag.

org)에 접속해 보는 것도 추천한다. 네이처는 '네이처 코리아'(www.natureasia.com/ko-kr)라는 한국어 사이트도 운영하고 있으므로, 부모들은 연구 동향을 참조해서 자녀와 대화를 나눠 볼 수 있다.

생명과학 분야에서 세계적인 학술지는 '셀'(www.cell.com)이다. 셀은 획기적인 실험적 발견과 최신 생물학 동향 등을 다루며, 분자생물학, 유전학, 생화학, 세포생물학, 구조생물학, 발생생물학, 신경생물학, 면역학, 식물학, 미생물학 등의 분야들을 망라한다. 네이처, 사이언스, 셀은 과학 분야의 세계 3대 학술지로서 명성이 높다. 과학자들은 이러한 저널에 논문을 발표하는 것을 일평생의 영광으로 삼을 정도다.

국내 과학자들의 연구를 검색해 보고 싶다면 한국과학기술정보연구원(KISTI)이 운영하는 NDSL(scholar.ndsl.kr/index.do)이나, Korea Science(www.koreascience.or.kr) 사이트를 활용하거나, 전문 업체가 운영하는 DBPIA 사이트(www.dbpia.co.kr)를 활용할 수 있다.

꿈 찾기 프로젝트 #16

자녀에게 희망 직업을 물어보세요.

희망 직업을 원하는 이유와 목적을 다시 물어보세요.
희망 직업을 넘어서는 목적이 필요하다는 것을 자녀에게 설명해 주세요.

삶의 목적은 스스로
결단하는 것이다

🕊 목적을 따르는 과정이 소중하다

"30년 후에 당신은 몇 살입니까?"

나는 강연회에서 청중들에게 종종 이 질문을 던진다. 중·고등학생이라면 40대 중·후반이며, 대학생이라면 50대 초·중반일 것이다. 이 글을 읽는 부모 세대는 30년 후에 60·70대 노년기에 접어들 것이다.

나는 인생의 목적을 의지적으로 결단할 수 있다고 생각한다. 자신에게 중요한 삶의 신념을 인생의 목적으로 붙잡고, 그 목적을 만들어 가는 30년의 삶을 살아가면 된다. 만약 지금부터 30년 동안 하나의 목적을 추구했다면, 30년 후에는 내가 이 목적을 위해 태어났구나, 라고 말해도 괜찮을 것이다.

그것이 어떤 대단한 성취가 아니어도 좋다. 타인의 평가도 중요하지 않다. 어떤 목적을 가지고 어떤 의미를 부여하며 살아왔는가가 중요하다.

목적을 추구하고 살면서, 30년 후에 목적이 이뤄졌다면 감사할 일이고, 만일 목적을 이루지 못했다고 해도 30년 동안 의미 있는 목적을 추구했다는 자체로도 감사할 일이다. 그러므로 의미 있는 목적을 추구하는 것은 무엇보다 소중한 가치이다.

🦋 부모가 먼저 목적을 결단해 보자

한 전업주부로부터 한 통의 이메일을 받았다. 그녀는 교육청 주관의 학부모 교육에 참석했다가 내 강연을 들었다고 했다. 최근 1년 동안 우울증에 시달렸는데 원인을 알 수 없었고, 병원에 가 보고 약도 먹어 보았지만 전혀 나아지지 않았다. 보다 못한 남편은 뭐라도 배워 보라고 했지만, 그녀는 돈도 안 되는 걸 배워서 뭐하냐며 거절해 왔고 어떤 의욕도 생기지 않았다.

그러던 중 나의 강연을 듣게 된 것이다. '희망 직업은 인생의 목적이 아니다. 직업은 수단일 뿐이다'라는 말에 그녀는 정신이 번쩍 들었다. 최근까지 자신을 괴롭혔던 우울증의 원인이 어렴풋이나마 깨달아졌던 것이다.

그녀는 결혼 이후에도 직장에 근무했는데 셋째가 태어나면서 직장을 그만두었다. 직장을 그만둔 지 5년이 되었는데 이제는 다시 취직할 자신이 없어졌다. 직업이 없고, 돈을 벌 수 없어 가계에 보탬이 되지 못한다는 생각에 자신감을 상실했고, 자신이 무의미한 존재로 여겨졌다. 우울증에 빠졌던 원인은 스스로가 살아가는 의미를 상실해 버린 탓이었다.

그러나 가정에서 주부에게는 무엇과도 바꿀 수 없는 소중한 의미들이 주어졌음을 새삼 깨닫고, 희망 직업이 인생의 목적이 아니며 돈으로 사람의 가치를 판별할 수 없다는 당연한 사실을 받아들이면서 마음의 짐을 내려놓을 수 있었다.

어린 시절 어려운 가정 형편 때문에 마음의 상처가 많았던 그녀는 자신처럼 상처를 받고 있을 청소년들을 위로해 주기로 인생의 목적을 새롭게 정했다.

이를 위해 그녀는 청소년 상담을 공부하기로 했다. 큰아들이 다니는 학교에서 '학부모 진로코치'로 자원하여 교육을 받고 학교에서 봉사활동을 시작할 계획이다. 남편은 대학원에 진학해서 전문적으로 공부해 보라고 조언해 주었다.

그녀의 인생이 어떻게 흘러갈지 아무도 모른다. 지금은 전업주부로서 공부를 시작하지만 나중에는 전문가가 되어 방송에 출연할 수도 있다. 자신과 유사한 고통에 시달리는 사람들에게 위로와 희망을 주는 사람이 될 수도 있을 것이다.

인생의 목적을 정하고, 그것을 이루겠다고 스스로 결심할 수 있도록 자녀를 이끌어 보자. 단거리가 아닌 장거리 마라톤을 해야 하는 아이에게, 어떤 목적을 가지고 살아가느냐에 따라 30년 후 지난 시간을 돌아볼 때 후회가 없다는 것을 알려 주어야 한다.

부모 또한 30년 후에 자녀를 보며 후회 없이 함께 웃을 수 있도록 어떤 삶을 살 것인가를 결단해야 할 것이다.

꿈 찾기 프로젝트 #17

목적을 따르는 삶을 살았을 때 30년 후 어떤 삶을 살고 있을지 나눠 보세요.

목적을 따라 살았을 때의 30년 후와, 목적 없이 살았을 때의 30년 후의 삶이 어떻게 다를지 대화하면서 설명해 주세요.

부모님의 인생의 목적은 무엇인지 자녀에게 이야기하면서 대화를 나눠 보세요.

세상을 도와주는
목적을 추구하자

🦅 아이의 고차원적인 욕구를 존중하라

　미국의 심리학자 매슬로우(Maslow)는 인간이 가진 5단계의 욕구를 소개했다. 사람들에게 잘 알려진 이론이지만 여기에서 한 번 더 소개하고자 한다.

　　1단계: 생리적 욕구

　　2단계: 안전의 욕구

　　3단계: 사회적 수용, 애정, 소속 욕구

　　4단계: 자기존중, 존경의 욕구

　　5단계: 자아실현 욕구

　동일한 시대를 살더라도 사람마다 욕구 수준이 다를 수 있다. 취업이 좌절되거나 직업이 불안정하다면 1, 2, 3단계의 욕구를 갈망할 수 있으며, 그렇지 않은 사람들은 4, 5단계의 욕구를 추구할 수도 있다.

개인의 가치관에 따라 욕구의 수준이 달라질 수도 있다. 부유할지라도 여전히 1, 2단계 저차원적인 욕구에 머무를 수 있으며, 반면 부유하지 않아도 4, 5단계의 고차원적인 욕구를 추구하는 사람들도 있다.

최 선생님은 4학년 반 아이를 상담하면서 꿈에 대해 물어본 적이 있었다. 외국에서 살다 온 상민이는 꿈이 피자 배달원이라고 말했다. 상민이의 꿈을 듣는 순간 최 선생님은 놀랐다. 아르바이트 정도로 여긴 일을 꿈이라고 대답했기 때문이다. 그런데 상민이의 이야기를 들으면서 흐뭇함과 대견함이 솟아났다.

"피자 배달원이 되어서 피자를 배달하며 '딩동' 하고 벨을 누르면 문을 여는 사람이 기뻐하잖아요."

상민이는 사람들을 즐겁게 만들어 주고 싶다는 의미 있는 목적을 가슴에 품고 있었던 것이다. 최 선생님은 학년 말이 되어 상민이에게 다시 꿈을 물었다. 그러자 상민이는 대통령이 되고 싶다고 말했다.

"대통령이 되어서 국민들에게 웃음을 주고 싶어요."

최 선생님은 상민이가 피자 배달원이 되고 싶다고 했을 때도 웃으며 칭찬해 주었고, 대통령이 되고 싶다고 했을 때도 "상민아, 너는 꼭

할 수 있을 거야" 하며 격려와 믿음을 안겨 주었다. 상황이 바뀌거나 능력의 변동에 따라 직업은 바꿔 나가면 그만이다. 쉽게 흔들리지 않는 목적이 있어야 인생에서 방황하지 않을 수 있다.

명심해야 할 사항은 부모와 자녀의 욕구 수준이 서로 다를 수 있다는 점이다. 부모는 1, 2단계를 욕구하는 반면에, 자녀들은 4, 5단계를 욕구할 수도 있다. "먹고 살려면 열심히 공부해라" "안정적인 직업을 가지기 위해 열심히 공부해라" 등은 1, 2단계의 욕구에서 비롯된 조언들이다. 고차원적인 욕구를 추구하는 자녀라면, 이러한 조언으로 자녀의 동기를 자극하기는 어려우며 자녀로부터 속물 취급을 받게 될 수도 있다.

경제 환경이 넉넉하지 않아도 자녀들의 욕구가 고차원적으로 발전하는 것은 부모를 통해 자녀들이 의식주 문제를 안전하게 해결하고 있기 때문일 것이다. 그래서인지 혹자는 "요즘 아이들이 배가 불러서 그렇다" "돈을 버는 것이 얼마나 힘겨운 일인지 모른다"라는 식으로 자녀들의 부족한 현실감각을 탓한다. 또 혹자는 "자녀들에게 결핍을 경험시킬 필요가 있다"고 주장하기도 한다.

부모와 자녀의 욕구 수준이 다를 때 부모는 크게 두 가지 정도의 전략을 고려할 수 있다. 첫째는 자녀의 욕구 수준을 저차원으로 떨어뜨리도록 유도하는 방법이고, 둘째는 자녀의 고차원적인 욕구를 충족시킬 방법을 모색하는 것이다.

부모는 두 번째 전략이 바람직하다고 인정하겠지만, 실행하기 난해하다는 현실적인 이유로 첫 번째 전략을 고려하기도 한다. 첫 번째 전략은 부모가 언제라도 꺼낼 수 있는 수단으로써 방학 동안 해병대 캠프에 보낸다거나, 용돈을 줄이거나, 옷이나 신발, 가방 등을 사 주지 않아 자녀에게 어느 정도 결핍을 경험시키는 방법이다. 현실적으로 손쉬운 만큼 효과는 오래 가지 않으며, 자녀로 하여금 부모에 대한 적개심을 키우는 부작용을 초래할 수도 있다. 불가피한 결핍과 의도적인 결핍은 본질적으로 다르다. 의도적인 결핍은 자녀에게 오해나 원망을 안겨 줄 수도 있다.

또한 자녀들의 욕구 수준을 떨어뜨리면 자녀는 자칫 자신감이 떨어질 수도 있다. 열심히 노력하게끔 동기를 자극하는 것이 목적이지, 자녀의 자신감을 떨어뜨리는 것을 바라지는 않을 것이다.

실행하기는 어려울지라도 부모로서 우리는 두 번째 전략인 자녀들이 가진 고차원적인 욕구를 충족시키는 방법을 모색해 볼 필요가 있다. 그러기 위해 자녀들의 고차원적인 욕구인 자기존중, 존경, 자아실현의 욕구를 먼저 인정해 줄 필요가 있다.

그런 의미에서 지금은 예전보다 부모 노릇을 하기가 더 어려워진 것은 분명하다. 잘 먹이고 입히기만 하면 부모 역할을 다했다고 생각하던 시절에 비한다면 말이다. 이제 자녀들은 "돈만 벌어다 주면 다인가요?"라고 항변하는 세대가 된 것 같다.

지금의 시대에서 부모는 자녀에게 보다 고차원적인 삶의 비전을 제시할 필요가 있다. 즉, 희망 직업을 넘어서는 의미 있는 목적을 갖도록 도와주는 것이다. 구체적으로 '희망 직업을 넘어서 세상을 돕겠다는 목적을 갖자'는 것이다.

🦅 위인전을 보며 세상을 품게 하라

초등학교 5학년 담임을 맡은 임 선생님은 1년 동안 학생들과 꿈 찾기 활동을 진행했다. 희망 직업이라는 단순한 목표를 넘어서서, 세상 사람들을 어떻게 도와주고 싶은지 생각하도록 질문을 던졌다. 그러한 활동의 결과로 학생들은 각자 삶의 목적을 만들었으며, 임 선생님은 아이들이 세운 목적들을 나에게 이메일로 보내 주었다.

아이들은 역시 생각의 전환이 빠르다. 어떤 질문을 어떻게 던지느냐에 따라서 아이들의 생각은 달라질 수 있다. 교육의 힘은 위대하다. 학생들이 스스로 만든 목적들을 소개하면 다음과 같다.

- 과학자가 되어 사람도 편하게 해 주고 환경도 지키는 발명품을 만들겠다.
- 대통령이 되어 국민들에게 좋은 지시를 내리고 싶다.
- 가수가 되어 사람들에게 멋진 춤을 보여 주고 싶다.
- 수의사가 되어 희귀 동물과 유전자를 연구해서 어린이들에게 용을 선물하고 싶다.
- 과학자가 되어 몸이 불편한 사람들을 위해 로봇을 만들겠다.
- 의사가 되어 생명을 구하고 가난한 사람들을 돕겠다.
- 레고 개발자가 되어 아이들이 재미있게 놀게 하고 싶다.
- 교육 로봇을 만들어서 아이들의 공부를 도와주는 과학자가 되고 싶다.

● 열심히 공부하여 판사가 되어 억울한 사람을 도와주고 싶다.

● 수의사가 되어 아픈 동물을 치료해 주고 싶다.

● 과학자가 되어 에디슨처럼 빛에 대해 연구해 전기가 부족하지 않게 하겠다.

● 경찰이 되어 도둑질하는 사람을 잡아 세상을 안전하게 만들고 싶다.

● 눈이 아픈 사람을 고쳐 주는 안과 의사가 되고 싶다.

● 화가가 되어 아프리카의 가난한 사람들을 도와주겠다.

● 이마트 사장이 되어서 물건을 많이 팔아 불쌍한 사람들을 도와주겠다.

● 스튜어디스가 되어 세계 곳곳의 어려운 사람들을 만나 음식을 나눠 주며 돕겠다.

● 예쁜 옷을 디자인해서 비싸지 않아도 예쁜 옷을 입을 수 있게 하겠다.

● 피아니스트가 되어 눈이 안 보이는 사람들에게 아름다운 음악을 들려주고 싶다.

● 화가가 되어 아름다운 그림을 그려서 외로운 사람들의 기분을 좋게 해 주고 싶다.

● 치과 의사가 되어 이가 아픈 사람을 치료해 주고 이가 흔들리면 안 아프게 빼 주겠다.

● 훌륭한 의사가 되어 가난해서 치료받지 못하는 사람들을 도와주겠다.

● 디자이너가 되어 예쁘고 멋진 옷을 만들어 사람들에게 웃음을 주고 싶다.

● 과학자가 되어 좋은 기계를 만들어서 나라를 발전시키고 싶다.

우리는 자녀에게 세상을 어떻게 도와주고 싶은지를 물어 볼 필요가 있다. 세상을 도와주려는 목적을 추구하면서 업적을 남긴 위인들이 역사적으로 적지 않다.

'나에게는 꿈이 있습니다'라는 연설로 유명한 마틴 루터 킹 목사는 '사람이 피부색이 아닌 인격에 의해 평가 받는 세상'을 만들고 싶은 목적을 추구하는 인생을 살았다.

소파 방정환은 1922년 5월 1일 역사상 처음으로 '어린이의 날'을 제정하고, 1923년 3월 우리나라 최초의 순수 아동잡지 《어린이》를 창간했다. 방정환은 '어린이'라는 용어를 '늙은이' '젊은이'와 대등하게 격상시켰고, '어린이들이 존중받는 세상'을 만들려는 목적을 추구하는 인생을 살았다.

세상을 위해 무엇을 할 것인가를 고민하는 아이는 크고 바른 꿈을 꾸고 희망을 가지고 살게 된다. 우리 아이의 꿈을 작은 우물이 아닌 큰 바다처럼 키워 보자.

꿈 찾기 프로젝트 #18

세상을 도와주는 목적들의 리스트를 자녀에게 보여 주세요.
자녀는 이 중에서 어떤 목적을 추구하고 싶은지 물어보세요.
세상을 돕는 목적을 추구할 때 숭고한 인생을 살아갈 수 있음을 설명해 주세요.

1. 가난하다고 차별 받는 아이들이 없는 세상

2. 가난한 사람들도 수술을 받을 수 있는 세상

3. 가난한 사람들도 평등한 삶을 살 수 있도록 돕는 세상

4. 가난한 사람들도 많은 권리와 혜택을 누릴 수 있는 세상

5. 가치관을 잃고 방황하는 청소년들이 낙오되지 않는 세상

6. 과학자들이 마음껏 연구할 수 있는 세상

7. 좋은 선생님이 많고 아이들은 선생님을 존경하며 평생 은사가 많아지는 세상

8. 전쟁이 없이 모두가 평안한 세상

9. 돈을 벌기 위해 함부로 권력을 휘두르지 않는 세상

10. 노숙자들도 따뜻한 보금자리를 가질 수 있는 세상

11. 누구든지 원하는 정보를 쉽게 얻을 수 있는 세상

12. 독거노인이 소외되지 않는 세상

13. 돈보다 능력을 중요시하는 세상

14. 모든 사람이 꿈을 실현할 수 있는 세상

15. 모든 사람이 건강한 삶을 누릴 수 있는 세상

16. 모든 사람이 각자 가슴 설레는 꿈을 발견하고 간직하고 살아가는 세상

17. 정직하고 성실한 사람이 더 잘사는 세상

18. 배고파 굶주리는 사람이 없는 세상

19. 버려진 아이들도 꿈을 이룰 수 있는 세상

20. 범죄가 없어 사람들이 안심하고 살아가는 세상

21. 불우한 이웃과 함께 살아가는 아름다운 세상

22. 비전을 가진 사람이 큰 행복을 누리는 세상

23. 사람들이 다양한 만들기를 통해 즐거움을 느낄 수 있는 세상

24. 상처받은 청소년들이 삶의 소망과 용기를 되찾게 하는 세상

25. 서로 다른 문화들이 아름다운 조화를 이루는 세상

26. 부정부패가 없는 평화로운 세상

27. 성공보다 정직, 용기, 관용이 더 중요시되는 세상

28. 소득의 증가보다 생태계의 보존이 더 중요시되는 세상

29. 신체적 장애가 따돌림의 이유가 되지 않는 세상

30. 실업자가 없는 세상

31. 아프리카 지역의 가난한 환자들도 건강하게 살아가는 세상

32. 이웃 간의 신뢰와 사랑, 웃음이 넘치는 세상

33. 인종적 우월의식이나 차별이 없는 세상

34. 자신의 창의성과 특기가 중요시되는 세상

35. 상처받은 사람들을 따뜻하게 돌보는 세상

36. 종교적 갈등으로 인한 증오가 없는 세상

37. 지치고 힘겨워하는 사람들을 위한 쉼터가 있는 세상

38. 깨끗하고 안전하게 인터넷을 사용할 수 있는 세상

대한민국을 위해
무엇을 하고 싶니?

🦋 대한민국을 위해 밥 잘 먹는 아이

나는 잊을 만하면 한 번씩 아들에게 질문을 던진다.

"너는 대한민국을 위해 무엇을 하고 싶니?"

아이들을 목욕시키면서 질문을 던졌다. 앉혀 놓고 진지하게 질문하면 잔소리나 설교로 변질될 우려가 있기 때문에, 최대한 즐거운 분위기에서 대수롭지 않다는 듯 물어본다. 당시 여섯 살이었던 큰아들의 대답은 "몰라요"였다. 어쩌면 당연한 대답이다.

"그렇구나, 그래도 한번 생각해 볼래?"

아들은 "생각이 잘 안 나요"라고 답했다. 어른에게도 어려운 질문인데 여섯 살 아이에게 오죽하겠는가. 나는 물러서면서 이렇게 이야기했다.

"그렇구나. 아빠가 다음에 다시 물어볼 테니, 대한민국을 위해 무엇을 하고 싶은지 생각해 볼래?"

다음에 나는 다시 대화를 시도해 보았다.

"대한민국을 위해 무엇을 하고 싶은지 생각해 봤니?"

"아니요."

역시 예상했던 답변이었다. 그래도 나에게는 '사탕'이라는 비장의 무기가 있었다. 사탕을 보여 주면서 질문을 던졌다.

"대한민국을 위해 무엇을 하고 싶은지 생각해 볼래? 뭐라도 좋으니 하나만 말해 볼래?"

아들은 비로소 두뇌를 가동시키기 시작했다. 비록 사탕 때문이었지만, 머리를 써서 이 문제를 생각해 본다는 것은 의미 있는 일이었다.

이러한 질문의 초창기에 아들의 답변은 의미 있는 것들이 별로 없었다. 그 연령대의 남자 아이들이 장난삼아 던지는 '빵구' '똥' 등을 말하기도 했다. 아무리 장난스럽게 답할지라도 혼을 내거나 훈계를 해서는 곤란하다. 그렇게 반복해서 질문을 받다 보면 아이도 생각할 수 있다. '대한민국을 위해 어떤 일을 하면 좋을까?' 거창하지 않더라도 생각해 보는 것에 의미가 있다.

같은 모습으로 살아가더라도 '잘 먹고살기 위해 사는 삶'과 '나라를 생각하면서 사는 삶'은 삶을 사는 의미가 다를 수 있다. 공부를 하더라도 '나 잘살기 위한 공부'와 '나라와 민족을 위한 공부'는 의미가 전혀 다를 수 있다.

이러한 질문 과정을 몇 번 반복했더니 어느 날 큰아들은 이렇게 말하기도 했다.

"대한민국을 위해 밥을 열심히 먹겠어요."

"그래, 멋진 생각이야. 네가 밥을 열심히 먹어서 튼튼한 어른으로 자라나면 대한민국이 더 튼튼한 나라로 발전할 거야."

큰아들은 어려서부터 밥을 잘 먹지 않아서 애를 끓였다. 그런 의미에서 대한민국을 위해 밥을 잘 먹겠다는 큰아들의 답변은 참으로 명답이었다.

아이의 행동에 당장 변화가 없다 해도 괜찮다. 나라를 위한 일을 생각해 보는 것 자체로도 의미가 충분하며, 이러한 생각들이 쌓여가는 것이 중요하다.

나라를 생각하는 아이는 몸도 마음도 자란다

두세 달 지난 후에 다시 물어보았다.

"아들아, 대한민국을 위해 무엇을 하고 싶니?"

6세 아이에게 여전히 쉬운 질문이 아니다. 이후에도 2~3주에 걸쳐서 꾸준히 생각해 보도록 유도했다. 물론 사탕도 적절히 활용했다. 그랬더니 아들은 갑작스레 이야기를 시작했다.

"일본 사람들이 우리나라의 독도를 빼앗으려고 노리고 있는데, 태권도를 열심히 배워서 일본으로부터 독도를 지키겠어요."

아들은 태권도장의 사범님으로부터 독도를 노리는 일본에 관한 이야기를 들었던 것이다. 나는 아들을 크게 칭찬해 주었다.

그리고 과거에 우리나라가 35년 동안 일본의 지배를 받았던 비통했던 역사를 알려주었다.

"100년 전 우리 조상들은 방심하다가 일본의 종노릇을 35년 동안이나 했단다. 지금은 일본이 독도만 노리지만, 옛날처럼 우리나라 전체를 괴롭히고 싶을지 몰라. 그런 일이 다시는 일어나지 않도록 네가 책을 많이 읽어서 지혜를 쌓고, 운동을 열심히 해서 튼튼한 어른으로 자라나서 대한민국을 보호해 주면 좋겠구나."

자연스러운 대화를 통해 나와 아들은 책을 많이 읽어야 하는 이유, 공부를 열심히 해야 하는 의미, 건강을 관리하는 목적에 대해 생각할 수 있었다. 내 한 몸이 잘 먹고 잘 사는 정도의 이유가 아니라, 넓은 생각과 안목에서 아들이 의미를 찾기를 바라기 때문에 이러한 대화를 자주 가지려 한다.

자녀의 생각의 폭을 넓혀 주어 자기만을 위하는 수준의 이기적인 사람이 아니라, 넓은 시야의 국가적인 안목을 가진 인재로 키우는 것은 그 무엇보다 값진 양육일 것이다.

꿈 찾기 프로젝트 #19

대한민국을 위해 무엇을 하고 싶은지 자녀와 대화를 나눠 보세요.

인류를 위해서
무엇을 하고 싶니?

🦅 유대인 부모의 질문법

생각의 폭을 대한민국에서 한 단계 더 넓혀 주자. 자녀의 안목을 우리 가족에서 대한민국으로, 세계 및 인류 전체로까지 확장시켜 주는 것이다. 세계를 품어 보자는 뜻으로 이러한 질문을 던지면 좋겠다.

"너는 세계를 위해, 인류를 위해 무엇을 하고 싶니?"

솔직히 황당한 질문일 것이다. 누군가로부터 이러한 질문을 받는다면 말문이 막혀 버릴 것이다. 어른에게조차 쉽지 않은 질문인데 아이들에게는 오죽하겠는가? 그렇지만 나이가 어릴수록 생각의 전환은 유연하며 적응력 또한 뛰어나다. 아들들에게 이 질문을 꾸준히 던졌더니 언제부터인가 아이들이 당당하게 이야기하기 시작했다.

"아프리카의 불쌍한 어린이들을 도와주고 싶어요."

"아프리카에 학교와 병원을 지어 주고 싶어요."

"세계를 먹여 살리고 싶어요."

부모로서 자녀들에게 인류를 품는 넓은 안목을 가지도록 도와주면 좋겠다. 유대인의 부모들은 자녀들이 어렸을 때부터 가정에서 이와 같은 질문들을 던진다고 한다.

"나라와 세계, 인류를 위해 무엇을 하고 싶니?"

유대인들은 전 세계 인구의 0.2%에 불과하지만 노벨상의 약 30%를 석권한다고 알려져 있다. 우리 민족의 재능이 아무리 뛰어날지라도 모두가 '자신만 잘 먹고 잘 살' 생각밖에 하지 않는다면, 인류의 발전에 공헌하는 성과물을 만들어 내기는 거의 불가능할 것이다.

🕊 정답은 아니지만 명답을 만들도록 도와주라

어느 날 놀이터에서 돌아오면서 큰아들에게 질문을 던졌다.

"인류와 세계를 위해 무엇을 하고 싶니?"

뜬금없는 질문에 아이는 장난스러운 표정으로 답했다.

"방귀를 끼고 싶어요."

"세계를 위해 방귀를 끼고 싶구나. 그러면 어떤 방귀를 끼고 싶니?"

"사람들의 방귀에서는 냄새가 나는데, 저는 향기로운 방귀를 끼고 싶어요."

어린아이다운 답변에 미소가 지어졌다. 필요한 칭찬을 해 주면서

240

아들의 말을 정리해 주었다.

"이야, 기발한 생각이구나. 사람들이 냄새 때문에 불편하지 않도록 향기로운 방귀를 발명하겠다는 거니?"

"네."

"그렇다면 과학자가 되어서 향기로운 방귀에 대한 연구를 해야겠네?"

"네, 저는 커서 과학자가 되어 향기로운 방귀를 만들고 싶어요."

장난스러운 대답에도 진지하게 반응하자 아들은 정말 이 문제에 답을 찾겠다는 듯 과학에 흥미를 가지기 시작했다. 아이는 부모의 반응에 생각보다 더 민감하다. 부모가 아이의 말에 더 귀를 기울여야 하는 이유다.

공부를 왜 해야 하는지 모르는 목적 상실, 의미 부재의 상황에서 자녀들이 세상을 품는 꿈으로부터 공부의 목적과 의미를 생각할 수 있도록 도와야 할 것이다.

꿈 찾기 프로젝트 #20

인류를 위해 무엇을 하고 싶은지 자녀와 대화를 나눠 보세요.

세상을 돕겠다는 목적이
자녀를 성장시킨다

🕊️ 미래 인재는 남을 위하는 삶을
선택하는 사람이다

우리가 어떤 목적을 추구할 때 다른 누구보다 자신을 설득하는 것이 최우선이다. 내가 온전히 납득할 수 있는 목적이어야 최선을 다할 수 있다. 자신이 납득하지 못한다면 아무리 발버둥을 쳐도 최선을 다하기는 사실상 불가능하다. 사람에 따라 차이가 있겠지만 자신이 온전히 납득하기 위해 우리의 꿈은 이타적일 필요가 있다.

많은 학생들이 편하게 살고 싶다고 말하는데, 편히 사는 정도가 목적이라면 지금의 고생을 감내하기는 쉽지 않다. 늙어서 편하기 위해 인생에서의 황금기에 고생하는 것을 받아들이는 것은 논리적으로 합당해 보이지 않는다. 편하다는 기준도 주관적이고, 지금부터 고생해도 늙어서 편해진다는 보장이 없으며, 인생은 언제 어떻게 떠날지 아무도 모르기 때문이다. 그러므로 지금부터 욕구를 줄이고 놀면서 편하게 살아가는 편이 여러모로 유리하다고 생각할 수도 있다. 그렇다면 어떤 목적을 가져야 자기 자신을 납득시키고 지금의 어려움을 이길 힘을 갖게 될까?

대학생 준성이는 꿈 찾기 프로젝트를 통해 세상을 돕는 목적을 만들었다. 준성이가 추구하는 목적은 '자산관리 분야의 전문가가 되어서, 기금을 조성하여 빈부격차를 줄여 나가는 일에 공헌하는 것'이다.

"제가 가진 전문성으로 사람들을 도와주고 싶어요. 사람들을 도와주면서 존경받는 인생을 살고 싶어요. 세상을 돕는 목적을 추구하면서 저에게 변화가 생겼는데, 그것은 생각의 폭이 넓어지고 깊어진 것 같아요. 예를 들면 이전에는 영어나 자격증 공부, 봉사활동으로 노력하면서도 힘들다고 많이 생각했어요. 하지만 지금은 이렇게 고생하는 것은 당연하다고 생각해요."

꿈 찾기 프로젝트를 통해 세상을 돕겠다는 목적을 만들어 낸 학생들은 이와 유사하게 말한다. 이타적인 목적을 추구한다고 모든 일이 순탄하게 풀리지는 않는다. 현실은 여전히 고단하다. 그러나 고통을 바라보는 관점이 달라진다. 자신이 납득할 만큼 가치 있는 목적이라면 고통조차 기꺼이 감내할 수 있다. 아무리 고생스럽더라도 극복해 내고자 정신을 가다듬을 수 있으며 초인적인 능력을 발휘할 수도 있다.

세계적인 명문대학으로 손꼽히는 하버드대학교는 신입생을 뽑을 때 공부만 잘하는 공부벌레는 뽑지 않는다고 말한다. 2014년 9월 30일자 〈중앙일보〉의 "공부벌레 안 뽑아요. 하버드대 선발 기준에 나눔이 우선순위인 까닭"이라는 기사를 보면, 하버드대학교의 입학사정관들은 신입생 선발의 최우선적인 기준으로 세상을 아름다운 곳으로 만들려는 열정과 의지를 가졌는지를 본다고 말한다. 하버드의 공공정책대학원인 케네디스쿨에서 입학사정관으로 근무했던 조우석 씨는, 하버드는 세상을 위해 봉사할 줄 아는 인재를 중요시하며, 바른 인품과 리더십 역량을 갖췄는지를 평가하여 학생을 선발한다고 말한다.

하버드대학교의 주요 출입구인 덱스터 게이트(Dexter Gate)에는 두 개의 문구가 쓰여 있다. 밖에서 안으로 들어올 때는 "Enter to grow in wisdom", 나갈 때는 "Depart to serve better thy country and thy kind"라는 문구다. 대학에 들어와서는 지혜를 배우고, 졸업하면서는 세상과 인류를 위해 봉사하라는 뜻이다. 자신의 재능을 세상을 위해 베풀라는 교육철학을 가진 하버드대는 학생들을 어려운 이들을 도울 수 있는 인재로 키우도록 주력한다. 하버드대 출신인 빌 게이츠가 미국 최고의 기부 왕이 된 것과 더불어, 하버드 재학 시절 '페이스북'을 개발한 마크 주커버그가 매년 수억 달러를 기부하는 것도, 하버드대가 이러한 교육철학으로 인재들을 키운 영향이다.

미국의 명문학교인 프린스턴대학교는 신입생의 10% 정도를 1년간 해외봉사로 파견하는 프로그램을 시작했다. 세계적인 분자생물학자이면서 프린스턴대학교 최초의 여성 총장이었던 셜리 틸먼은 뉴욕타임스와의 인터뷰에서 "이러한 봉사활동을 통해 학생들이 인생을 재구성할 수 있는 기회를 얻을 것이다. 학생들이 성숙하고 국제적인 시야를 가질 수 있도록 이러한 프로그램을 만들었다"고 말했다. 프린스턴대학교의 교육이념은 '나라와 세계를 위한 봉사'이다.

세계적인 대학 MIT대학교 홈페이지에는 "우리는 15세 나이에 불치병을 치료하는 방법을 찾아낼 만한 똑똑한 천재를 찾는 것이 아니라, 공부할 시간을 쪼개어 옆집에 사는 불우 아동을 가르치는 마음이 따스한 인재를 찾는다"라는 내용의 글이 있다. 미국의 한 잡지는 MIT를 두고 "미국이 나아가야 하는 방향을 제시해 줄 수 있는 대학일 뿐만 아니라, 전 세계를 사람이 살기에 더 나은 곳으로 만들어 줄 대학"이라고 평가하기도 하였다.

한 국가의 지성을 총체적으로 대변할 수 있는 대학이라는 교육기관이 학생들에게 무엇을 강조하느냐는 사회의 질적 수준과 직결된다. 요즘 우리나라의 대학은 학생들의 취업을 최우선적인 목표로 삼지만, 미국의 대학들은 재능을 베풀 줄 아는 인재, 사회적인 문제에 공헌하는 인재들로 키우려는 노력이 한창이다.

🕊️ 다소 힘겨운 목표를 주었을 때 잠재력은 최대치로 올라간다

　우리나라 학생들이 꿈이 없는 것도 문제지만, 그나마 꿈을 말하는 학생들도 돈을 벌어서 편하게 살고 싶다는 이기적인 꿈을 말하는 것이 더 큰 문제다. 초등학교 남학생들의 꿈은 축구선수가 많고 여학생들은 연예인이 많은데, 이유를 물어보면 돈을 많이 벌고 유명해질 수 있고 편히 놀 수 있다는 식의 답변이 주를 이룬다. 꿈을 추구하는 이유가 이처럼 이기적이라는 사실에 씁쓸함을 느낀다. 우리나라의 학교가 병들어 가는 이유도 크게 생각해 보면 이러한 이기적인 꿈들에서 비롯된 것인지도 모른다.

'내가 왜 희생해야 해?'

　세상을 돕는 꿈, 남을 도와주는 목적을 추구하자는 말을 들으면 이런 생각이 들 수 있다. 나도 풍족하지 않은 상황에서 남을 도와주자는 것은 선뜻 내키지 않는다. 언젠가 여유가 생기면 그때 다른 사람들을 돌아보자고 미루기 쉽다.

　세상을 돕는 꿈을 품자고 해서 자녀가 당장 희생하는 삶을 살아야 한다는 것은 아니다. 미래를 전망하면서 30년 후의 세상을 도와줄 영향력 있는 전문가로서의 꿈을 추구하자는 뜻이다. 자녀의 가장 귀한 자산은 꿈인데, 꿈의 범위를 크게 넓혀 세상으로 확대하기를 바라는 것이다.

　"공부해서 남 주나?"라는 말보다는 "남을 도와주기 위해 열심히 공부하자"라고 자녀에게 이야기하자. 그러한 결과로 자녀가 남을 도와주기 위한 이타적인 꿈을 추구하고, 세상을 돕는 목적을 추구할 수 있다면 그 과정에서 자녀의 생각과 인성은 자라게 될 것이며, 남다른 목적의식으로 보다 치열하게 도전할 수 있기 때문이다.

청소년들이 불우한 이웃과 지역사회, 국가, 인류를 생각하는 이타심을 기를 수 있다면, 그러한 인성과 가치관에 기반하여 세상을 도와주는 꿈을 추구하는 삶을 살아간다면 결과적으로 우리 자녀들이 몸담고 살아갈 미래 세상은 더 나아지지 않을까?

세상을 돕는 꿈을 만들자고 주문하면 누구라도 부담을 느낀다. 나에게 이메일을 보내면서 이렇게 물어오는 독자들이 많았다.

"세상을 돕는 꿈을 만들더라도 제가 이루는 것은 불가능한 것 같아요."

꿈이 가능할지, 불가능할지를 현재에 어떻게 판단할 수 있겠는가? 무엇을 말하더라도 가능성에 지나지 않는다. 한계를 스스로 예단하는 것은 참으로 안타까운 일이다.

우리가 가진 능력의 한계를 어떻게 확인할 수 있을까? 예를 들어 어떤 자동차의 성능을 확인하려면 브랜드나 배기량으로 짐작해 볼 수 있겠지만, 가장 확실한 방법은 자동차 엑셀을 세게 밟아 보는 것이다. 시속 200킬로 이상으로 가속해도 차에 진동이 적다면 슈퍼카이겠지만, 시속 100킬로에도 차체가 불안하다면 슈퍼카라고 부를 수 없다. 시속 200킬로를 거뜬히 주행할 수 있음에도 차의 기능을 모르고 60~80킬로로만 달린다면 슈퍼카로서의 성능을 발휘할 기회는 없을 것이다.

이처럼 인생에서 자신의 한계를 확인하기 위해서는 엑셀을 세게 밟아 볼 기회가 필요한데, 그것은 다소 힘겨워 보이는 목표를 추구할 때 가능하다. 편하게 살겠다는 꿈 정도로는 자녀의 잠재력을 끌어내기에 동기가 부족하다. 잠재력을 최대한 이끌어 내는 방법은 자녀에게 과분해 보이는 목표를 추구할 때 가능하며, 그러기 위해서 우리 자녀에게는 세상을 돕는 숭고한 목적이 필요하다.

사람들은 꿈을 개인적인 것으로 생각하지만 꿈은 공동체적으로 접근할 필요가 있다. 다른 사람들과 꿈이 달라야 할 것 같은 부담을 가지는 경우도 많은데, 모든 이들의 꿈이 제각각 달라야 할 필요는 없다. 가족이나, 친구, 동료들끼리 동일한 목적을 추구하는 것도 괜찮다. 같은 목적을 추구하더라도 정치가로서, 의사로서, 경영자로서, 교사로서, 과학자로서, 언론인으로서 공헌할 수 있다. 목적을 공유하는 협력자들을 만나면 더 크고 멋진 일들에 도전할 수 있다. 공동체적인 꿈을 추구한다면 학교에서 만나는 친구들은 협력자가 될 수 있다.

세상을 도와주는 이타적인 꿈을 추구하기 위해서 먼저 세상의 문제들을 짚어 볼 필요가 있다. 예를 들면 빈곤 문제, 환경오염, 빈부 격차, 종교 분쟁, 전쟁, 테러 등으로 세계는 몸살을 앓고 있으며, 우리나라도 학교 폭력, 왕따, 우울증, 자살, 지역 간의 갈등, 경제적인 문제, 외교적인 문제 등 여러 문제를 안고 있다.

이러한 세상의 문제들에 공헌하기 위한 목적을 추구하는 것도 훌륭하다. 자녀들이 이타적인 목적을 추구하는 수단으로써 희망 직업을 자유롭게 선택하고, 지구적인 문제 해결에 공헌하는 과학자, 정치인, 교사, 공무원, 의사들이 되어 각 분야에서 전문성을 발휘하여 공헌하여 그 공로를 인정받아 노벨상까지 받는 큰 그릇의 인재로 성장한다면 더 없이 훌륭한 일이 될 것이다.

꿈 찾기 프로젝트 #21

가족들이 함께 '세상의 문제들 게임'을 해 보세요.
제한시간 20분 이내에 지구가 직면한 문제들, 대한민국이 직면한 문제들을 누가 많이 적는지 경주하는 게임입니다.
그렇게 적은 문제들을 활용해서 빙고 게임을 해 봅시다. 세상에는 정말로 많은 문제들이 있다는 것에 놀라게 될 것입니다.
세상에 도움의 손길이 필요한 영역들이 많으며, 안전하게 살고 있음에 감사하는 마음을 서로 나눠 봅니다.

자녀들이 적어 본 여러 문제들 중에서 자녀가 해결해 보고 싶은 문제를 하나 선택하도록 유도해 보세요. 자녀들의 호응이나 참여 정도를 살펴서 분위기를 이어나가 사명선언문을 작성해 보도록 합니다.

다음과 같은 간단한 형식의 사명선언문을 작성하면 됩니다.
"나 OOO은 지구의 (혹은 대한민국의)
_____ 문제를 해결하면서
세상을 도와주는 삶을 살겠습니다."

꿈에는 스토리가 필요하다

🕊️ 출세가 아니라 사명을 따르게 하자

솔직한 심경을 얘기하자면, 나는 내 자녀가 대기업의 직원으로 입사하기를 원하지 않는다. "다시 생각해 보라"고 뜯어 말리고 싶다. 대기업은 간판도 좋고, 연봉도 많지만, 소중한 아들이 큰 조직의 부속품 정도로 일생을 살아가는 것을 나는 원하지 않는다. 아들이 검사가 된다 해도 나는 말릴 것 같다. 흉악한 범죄자들을 심문하는 궂은일에 아들을 보내고 싶지 않다. 의사도 말리고 싶다. 매일 피를 보면서 수술하거나, 아픈 환자들을 진찰해야 하는데 부모로서 아들이 그러한 스트레스를 감내하는 것을 원하지 않는다.

이런 식으로 하나하나 떠올려 보니 아들에게 어떤 직업도 추천하고 싶지 않다. 그렇다고 아들이 백수이길 바라는 것은 아니다. 그야말로 진퇴양난이다. 그래서 생각해 보았다. 고심 끝에 내가 찾은 결론은 이렇다. 아들이 세상을 돕겠다는 목적을 사명감으로 추구하면 좋겠다는 것이다. 아들이 어떤 직업을 원하더라도, 자신의 출세나 돈, 명예가 아니라 사명감으로 도전해 주면 좋겠다.

예를 들면, "가난한 환자들의 병을 치료해 주고 싶다" "불쌍한 어린이들을 도와주고 싶다" "세상의 불의를 바로 잡고 싶다" "법 앞에서 평등한 세상을 만들고 싶다" 등의 사명감이라면, 어떤 직업을 원하더라도 나는 반대할 명분을 찾을 수 없을 것이다. 나는 자녀들이 중대한 의사 결정의 기로에서 세상을 돕고 싶다는 목적을 사명감으로 품을 수 있기를 바란다.

꿈을 심는 데도 기술이 필요하다

나는 꿈의 종류를 세 가지로 제안한다. 단어형 꿈, 문장형 꿈, 스토리형 꿈이다. 학생들이 주로 말하는 대통령, 판사, 검사, 연예인, 의사, 축구선수 등이 대표적인 단어형 꿈이며 주로 '어떤 직업을 가지고 싶다'로 표현될 수 있다. 단어형 꿈은 인생에서의 통과 지점으로 생각하면 충분하다.

문장형 꿈은 단어형 꿈보다는 발전된 형태다. 자녀가 말하는 희망 직업에 인생의 의미와 가치를 더한 꿈이라고 말할 수도 있다. 예를 들어 '경찰관이 되어 사람들을 보호해 주는 삶을 살겠다' '빈부격차를 해소하는 삶을 살겠다' '방황하는 청소년들을 도와주는 삶을 살겠다' 등으로 표현될 수 있는 것이 바로 문장형 꿈이며, 문장형 꿈은 다른 말로 '사명선언문'이라고 부를 수도 있다.

다음의 빈칸을 채우는 방식으로 문장형 꿈을 만들 수 있다.

"내 인생의 꿈은 사람들을 위해 _____ 하는 것이다."

다음의 동사들을 활용하여 위의 빈칸을 채울 수 있다.

> 돕다, 감명을 주다, 용기를 주다, 치료하다, 보호하다, 아름답게 하다, 기쁘게 하다, 편안하게 하다, 사랑하게 하다, 추억을 되새기게 하다, 가르쳐 주다, 배부르게 하다, 즐겁게 하다, 풍요롭게 하다, 세련되게 하다, 힘을 주다, 인정해 주다, 영향력을 미치다, 힘을 주다, 동기를 부여하다, 고양시키다, 섬기다, 준비시키다, 능력을 부여하다, 격려하다, 자극하다

문장형 꿈은 단어형 꿈보다 발전된 형태이지만 구체성이 떨어질 수 있다. 구체적인 계획이 없으므로 막막할 수 있으며 실행력이 떨어질 수도 있다. 이러한 단점을 보완하기 위해 스토리형 꿈이 필요하다.

스토리형 꿈은 미래에 펼쳐질 인생 이야기를 담고 있는 꿈을 말한다. 꿈을 이뤄 나가는 삶의 이야기를 미리 그려 보는 것이다. 우리 자녀들이 만들어야 할 꿈으로써 이 책이 제안하는 꿈의 형태가 바로 스토리형 꿈인데, 스토리형 꿈의 형태는 다음과 같다.

내 인생의 '문장형 꿈'(사명선언문)

시기	이루기 원하는 목표들	희망하는 직업들
5년 후		
10년 후		
15년 후		
20년 후		
30년 후		

스토리형 꿈의 가장 상위에는 문장형 꿈이 위치한다. 그 아래에 과정으로서 5년, 10년, 15년, 20년, 30년 후에 이루고 싶은 중간 목표들이 배치된다. 자신이 원하는 희망 직업은 시기별로 오른편의 공간에 적어 넣을 수 있다. 인생에서 여러 직업들을 자유롭게 취사 선택할 수 있으며 직업들을 동시에 겸직할 수 있음을 이 양식을 통해 이해할 수 있다. 이러한 양식을 채우다 보면, 희망 직업 하나가 인생의 전부인 양 오해하기 쉬운 자녀들의 안목을 확장시킬 수 있다. 인생에서 직업들을 자유롭게 배치하고 계획할 수 있기 때문이다.

우리는 보다 장기적인 꿈인 스토리형 꿈을 가져야 한다. 단기적인 목표들은 중간 과정으로 보고 장기적인 꿈을 만들어야 할 것이다. 5년, 10년, 15년, 20년, 30년 후의 중간 목표들을 연결시키면 인생 스토리가 된다. 이렇게 만들어진 스토리는 아이의 미래 자서전이 될 것이다.

스토리형 꿈을 제대로 만들기 위해서는 자신의 신념이나 가치관이 담겨야 한다. 어떠한 인생을 살아갈 것인지 고민하는 것이므로 본인의 중요한 신념이 담길 수밖에 없다. 예를 들어 경찰관을 희망한다면 무엇을 위해 경찰관이 되고 싶은지 자신의 신념, 인생관이 담길 수밖에 없다.

또한 자신의 마음에 살아 있는 희로애락의 감정들, 어린 시절 새겨진 추억들, 가슴에 응어리진 상처들에 기반해서 자신만의 스토리형 꿈을 만들어야 한다. 그렇게 꿈을 만든다면 꿈을 생각할 때 가슴이 뛸 수 있으며 최선을 다할 수 있다. '되면 좋고 안 되어도 그만'인 정도가 아니라 꿈에 미칠 수 있는 것이다.

고등학교 2학년 윤지는 초등학교 때까지 꿈도 많고 하고 싶은 것도 많았다. 하지만 중학교에 들어오면서 꿈도 없어지고 하고 싶은 것도 없어졌다. 윤지가 어려서부터 원했던 꿈들은 스스로의 의지가 아니라 부모가 정해 준 것이고, 모두가 희망 직업으로 대표되는 단어형 꿈이었다.

윤지는 꿈을 말하면서 이제껏 가슴이 뛰었던 적이 한 번도 없었다. 그럴 수밖에 없는 것이 안전하고 노후가 보장된다는 이유로 부모가 조언해 준 희망 직업을 꿈으로 정하고 있었기 때문이었다. 그러한 꿈에 가슴이 뛰지 않는 것은 너무나 당연하다.

이것이 희망 직업으로 대표되는 단어형 꿈의 큰 결함이다. 단어형 꿈에는 자신의 신념, 가치관, 인생철학 등이 더해질 여지가 없다. 단어형 꿈에서는 의미를 발견하기가 쉽지 않다. 의미가 약하기 때문에 가슴이 뛰지 않는 것이다. 그러므로 꿈을 생각할 때 가슴이 뛰고 열심히 살고 싶은 의지가 샘솟는지를 점검해 보아야 한다.

또한 꿈에 대해서 다음과 같은 형식으로 생각해 보도록 훈련하는 것도 좋다.

"저의 꿈은 _____ 입니다.

제가 _____이 되고 싶은 이유는 _____ 때문입니다.

제가 가장 존경하는 인물은 _____입니다."

꿈 찾기 프로젝트 #22

자녀와 함께 스토리형 꿈을 완성해 보세요.
부모님도 자신의 스토리형 꿈을 완성하여 자녀들에게 이야기해 주세요.

[스토리형 꿈 만들기]

내 인생의 '문장형 꿈'(사명선언문)

시기	이루기 원하는 목표들	희망하는 직업들
5년 후		
10년 후		
15년 후		
20년 후		
30년 후		

7장.
꿈을 실현하는
기술을 가르치라

꿈을 이루는
습관 훈련이 필요하다

🕊 무수한 반복으로 꿈꾸는 습관 만들기

　자녀가 꿈을 만들었다면 그 이후에는 어떤 습관을 가지고 노력하느냐가 중요하다. 습관이 미래를 결정하는 경우가 많은데 어떤 습관을 가졌느냐에 따라서 결과적으로 꿈은 이뤄질 수도 있고, 이루지 못할 수도 있다. 오늘 우리의 삶은 오랜 기간 동안 반복해 온 습관들이 빚어낸 결과물이다. 부모로서 우리는 자녀들이 유익한 습관들을 가지도록 꾸준히 도와줄 필요가 있다.

　우리가 가진 습관은 자신의 실력을 방증한다. 야구 선수 이승엽은 연습벌레로 정평이 나 있다. 이승엽이 혼자서도 무수히 배트를 휘두르는 이유는 올바른 타격 습관을 몸에 더욱 굳히기 위해서다. 150킬로를 상회하는 강속구에 대처하는 타격은 머리로 생각해서 가능한 일이 아니다. 머리보다 몸이 우선 반응해야 한다. 몸에 익혀진 습관으로 공을 타격해 내는 것이다. 피겨 선수 김연아가 점프 동작을 무수히 반복했던 이유도 이를 습관화하기 위해서다. 대규모 관중 앞에서 경기할 때 긴장한 상태에서도 몸이 알아서 움직여 나가도록 습관화하는 과정이 필요하다. 군인들이 동일한 동작을 무수히 반복하는 것도 습관화의 과정이다. 비상사태가 발생했을 때 일사분란하게 움직일 수 있도록 평상시 훈련을 습관화하여 몸이 저절로 움직일 수 있도록 만드는 것이다.

대부분 사람들은 습관적으로 하루를 보낸다. 잠자리에서 일어나고, 밥을 먹고, TV를 보고, 사람을 만나고, 자투리 시간이나 여가를 활용하고, 휴식하는 등의 일들은 모두 습관에 따른다. 우리의 일상적인 하루는 익숙해진 습관들의 연속인데, 그래야 우리의 몸과 마음이 편하기 때문이다.

현대인들을 괴롭히는 다양한 질병들을 의사들은 흔히 습관병이라고 통칭한다. 당뇨병, 고지혈증, 고혈압, 심혈관질환, 비만 등의 질병들은 개인의 식습관, 수면 습관, 행동 습관, 자세, 스트레스 등에서 비롯된 것들이다. 이러한 질병으로부터 자유롭기 위해서는 자신의 습관을 개선하는 것이 필수적이다.

생각도 습관이다. 긍정적이거나 부정적인 생각도 습관적으로 떠올려진다. 의지적으로 생각해서 생각한다고 사람들은 알고 있지만, 사실 우리가 떠올리는 생각도 습관적이다. 난관에 봉착했을 때, 원망하고 회피하려는 사람들이 있는 반면에, 어려움을 극복하는 방향을 우선적으로 생각하는 사람들도 있다.

우리가 어떤 습관을 익히느냐는 매우 중요한 문제다. 평균 수명 100세 시대를 살아갈 우리 자녀들이 좋은 습관을 익히는 것은 더욱 중요하다. 긍정적으로 생각하는 습관, 포기하지 않는 습관, 올바른 식습관, 수면 습관, 운동 습관, 말하는 습관, 책을 읽는 습관, 여가를 즐기는 습관, 문제를 해결하는 습관, 돈을 관리하는 습관 등 자녀가 익혀야 할 습관들은 헤아릴 수 없이 많다.

핵심 습관 하나가 인생을 바꾼다

《습관의 힘》을 쓴 찰스 두히그는 습관도 훈련을 통해서 익히거나 고칠 수 있다고 말한다.

"처음에 어렵던 일을 점점 쉽게 해내고, 충분히 연습한 후에 기계적으로 혹은 거의 의식하지 않은 채 해낼 수 있게 하는 힘이 바로 습관이다. 코트가 접히면 그 후로 항상 같은 곳이 접히는 것처럼, 좋은 습관을 훈련한다면 우리도 충분히 성장할 수 있다."

찰스 두히그는 '핵심 습관'이라는 개념을 제안한다. 핵심 습관이란 개인의 삶을 발전시킬 수 있는 상대적으로 주요한 습관을 뜻하며, 다른 습관까지도 바꿔놓을 수 있는 영향력 있는 습관이다. 우리에게 다행스러운 점은, 몇 가지 핵심 습관들을 익히면 다른 좋은 습관들도 덩달아 익힐 수 있다는 점이다. 그러므로 자녀가 핵심 습관을 한두 가지라도 익히도록 이끌어 주면 다른 습관까지 함께 개선되고 성장할 것이라는 뜻인데, 이는 정말이지 반가운 소식이 아닐 수 없다.

수많은 연구로부터 알려진 핵심 습관을 소개하자면 첫째로는 청소하는 습관이다. 예를 들어 매일 청소하는 습관을 익힌다면 시간 약속을 잘 지키게 되고, 직장에서의 업무 효율성도 증가하는 경향이 있다고 한다. 두 번째로는 운동하는 습관이다. 일주일에 한 번이라도 운동을 습관화한다면 식습관이 좋아지고, 업무 집중도도 향상되며, 담배도 줄이고, 동료들과 가족에 대한 인내심도 깊어지며, 신용카드 사용도 절제한다는 연구 결과가 나왔다. 셋째는 가족과 함께 식사하는 습관이다. 한때 '밥상머리 교육'이 유행했는데, 온 가족이 저녁식사를 함께하는 습관을 들인다면 자녀들은 숙제를 규칙적으로 해내고, 성적도 향상되고, 감정 조절도 능숙해지고, 자존감도 향상된다는 보고가 있다. 가족과 함께하는 규칙적인 식사 습관이 다른 긍정적인 습관들도 자극하는 것이다.

꿈 찾기 프로젝트 #23

꿈을 향해 노력하는 과정에서 필요한 핵심 습관들을 적어 보세요.
자녀와 함께 대화하며 잘 실천할 수 있는 방법을 생각해 봅니다.

꿈을 향해 노력하는 과정에서 버리거나 줄여야 할 습관들도 적어 보세요.
(다음의 예들을 참조: 남과 비교하는 습관/ 쉽게 포기하는 습관/ 과식 혹은 편식/ 게임 중독/
불량식품 혹은 군것질/ 손톱 물어뜯기/ 만화, TV 중독/ 게으름 혹은 늦잠/ 이성친구 집착/
부모님 말씀 안 듣기/ 과소비 및 낭비벽/ 남 흉보기, 미워하기/ 숙제 미루기/ 나쁜 말 쓰기/
남의 시선 의식/ 인터넷 중독/ 시기, 질투/ 부정적인 생각/ 왕따 시키기/ 욕설/ 거짓말/
소극적인 자세/ 양치질 안 하기/ 구부정한 자세 등)

🦋 공부에도 습관이 필요하다

자녀의 현재 성적도 중요하겠지만 자녀가 스스로 공부하는 습관을 익히도록 유도하는 것이 무엇보다 우선이다.

공부 습관을 익히는 것이 목표라면 시험의 결과로 자녀를 꾸중하는 일은 자제해야 한다. 어떤 것이든 결과는 과정을 통해서 얻어진다. 나은 결과를 원한다면 보다 나은 과정을 거쳐야 한다. 동일한 과정을 적용하면서 전혀 다른 결과를 얻길 바란다면 이는 잘못된 것이다.

시험에서 만점을 받지 못했다는 이유로 자녀를 꾸중하는 부모들이 있다. 결과는 이미 벌어진 일이며 결과는 결과일 뿐이다. 시험 성적이라는 결과로 자녀에게 호통을 친다고 해서 다음의 결과가 향상되리라는 보장이 없다. 원하지 않는 결과를 얻었다면 지나간 과정에서 무엇이 잘못되었는지를 자녀와 함께 되짚어 보고, 과정을 향상시키려 노력해야 한다.

시험은 자녀의 공부 습관을 향상시키는 과정이지 미성숙한 자녀의 지적 능력을 평가하는 도구가 아니다. 야단을 쳐야 한다면 결과가 아니라 계획된 과정을 제대로 실행하지 않았음을 꾸중해야 한다.

시험에서 자녀가 저지른 실수를 나무라는 부모들도 있다. 부모도 일상에서 실수를 저지르기는 마찬가지다. 시험에서 자녀가 저지른 실수를 타박한다고 해서 다음 시험에 다른 실수가 방지된다는 보장이 없다. 실수가 유독 잦다면 실수를 줄이기 위한 안전 장치들을 자녀와 함께 고민해야 한다. 이러한 경험은 자녀가 인생에서 어려운 문제에 봉착했을 때 해결책을 찾아가는 방식에 대한 가이드라인을 제공할 것이다. 인생에서 만나는 어려움에 좌절하는 자녀로 키울 것인가? 아니면 어려움을 극복해 내려고 도전하는 자녀로 키울 것인가? 판단은 자녀의 시험 성적을 바라보는 부모의 선택에 달려 있다.

공부 습관을 익히는 과정은 고통스러울 수 있다. 공부뿐 아니라 운동, 외국어, 취미 등을 습관화하는 과정에서도 고비는 번번이 찾아온다. 습관화의 과정에서 포기하지 않고 버티는 의지가 중요하다.

꿈 찾기 프로젝트 #24

공부하는 것도 중요한 습관임을 자녀에게 설명해 주세요.

공부하는 과정에서 좋은 습관을 익히기 위한 방법들을 자녀와 함께 나누어 보세요.

🎖️ 독서 습관은 꿈을 이루는 매우 중요한 기술

인생을 살면서 누구나 선택의 기로에 선다. 어느 학교, 어떤 학과에 진학할지, 어느 분야로 취업할지, 누구와 결혼할지, 어떤 사업을 언제 할지 등 선택의 기로는 다양하다. 누구도 인생을 대신 살아 줄 수 없으므로 본인이 주도적으로 의사 결정을 내려야 한다. 올바른 의사 결정을 내리기 위해서는 사고력이 필요하다.

4장에서 자녀의 사고력을 키워 주는 방법에 대해서 잠시 논의하였는데, 생각하는 힘을 기르는 측면에서 가장 검증된 방법은 역시 독서일 것이다.

위대한 발명가의 첫 번째로 손꼽히는 위인은 바로 토머스 에디슨이다. 평생 1,093개의 특허를 등록하였고, 그중에서도 전구를 발명한 일은 무엇보다 높이 평가되는 업적이다. 또한 에디슨은 성공적인 사업가로도 명성이 높다. 그는 평생 14개의 회사를 설립했는데, 그중에서 가장 성공한 기업은 1892년에 설립한 제너럴 일렉트릭(GE)이다. GE는 에디슨의 발명품을 제품화하는 회사로서 각종 전기제품과 발전설비 및 산업용 엔진 등을 생산하는 세계 최고의 전기 회사다. 100년도 넘은 회사인 GE는 현재까지도 미국을 대표하는 기업들 중에 하나다.

에디슨이 역사적인 발명품들을 만들 수 있게 한 원동력은 바로 독서였다. 에디슨은 초등학교 시절 3개월 만에 학교에서 쫓겨났다. 학자들은 어린 시절의 에디슨이 오늘날 교육심리학에서 말하는 주의력결핍 과잉행동장애(ADHD)였을 것으로 추측한다. 전직 교사였던 어머니는 산만한 아들의 교육을 포기하지 않았으며 에디슨의 잠재력을 깨우기 위해 독서 교육을 선택했다. 에디슨은 소년 시절 디트로이트 도서관을 거의 매일 찾았으며, 도서관에 있는 책들을 분야를 가리지 않고 모두 읽었다. 에디슨은 말했다.

"회상해 보면 나는 책꽂이의 가장 밑에 있는 책부터 읽기 시작했습니다. 책꽂이에 꽂힌 책들을 순서대로 읽어 나갔죠. 디트로이트 도서관은 나의 피난처였어요. 나는 책을 몇 권 골라서 읽은 것이 아니라 도서관 전체를 읽어 버렸습니다."

21세의 에디슨은 "패러데이 전기 시리즈"라는 책에 흠뻑 빠져 버렸는데, 잠자는 것 먹는 것도 잊고 책에 몰두했다. 친구 밀튼이 "너 그렇게 책만 읽다가는 죽어!"라고 했을 정도였다. 에디슨은 책들로부터 발명의 영감을 얻었다. 백열전구를 발명할 때 에디슨은 가스등에 관한 논문과 보고서를 닥치는 대로 읽고 조사했으며, 전화 송신기를 발명할 때는 책에서 읽은 내용을 떠올렸다. 전차 기술을 발명할 때에는 20년 전 디트로이트 도서관에서 읽은 내용을 기억해 내서 주변을 놀라게 만들기도 했다.

에디슨은 어려서 앓은 성홍열로 청소년 시절부터 청력의 상당 부분을 상실했는데, 청력 상실로 인해 발명과 독서에 몰두할 수 있어서 오히려 감사하다고 말하기도 했다. 에디슨을 역사적인 위인으로 성장시킨 독서의 위대함은 정말 놀랍다.

책을 읽는 것이 오늘을 살아가는 우리에게 직접적으로 돈을 벌어다 주거나, 당면한 문제를 해결해 주지는 않는다. 그래서인지 사람들은 바쁘다는 이유로 독서를 등한시하는 경향이 있다. 하지만 평생 쌓은 독서의 힘은 결코 가볍지 않다. 우리 자녀들이 독서라는 습관을 평생의 동반자로 삼을 수 있다면, 이러한 독서가 어떠한 결과로 나타날지는 상상을 초월할 것이다.

대학 간판을 바라보는
시각을 바꾸자

🦅 대학, 필수에서 선택으로

대한민국의 부모로서 자녀가 명문대학에 진학하기를 바라지 않는 부모는 없을 것이다. 나도 내 아이들이 이왕이면 명문대학에 진학하기를 바란다. 하지만 명문대학이라는 간판 자체가 인생에서 절대적이라고 보지는 않는다.

장기적으로 대학 졸업장의 가치는 약해질 것이다. 2018년에는 고3 졸업생의 수가 급격히 감소하고 이후로도 지속적으로 감소할 것이다. 장기적인 저성장의 여파로 대학을 졸업하고도 취업은 여전히 어려울 것이다. 이는 대학을 졸업하는 것이 경제적으로 수지타산이 맞지 않게 된다는 의미이며, 대학을 무조건 졸업해야 한다는 고정관념은 시간이 지날수록 약화될 것이다.

대학 진학은 점점 선택의 대상이 될 것이다. 그러므로 자녀가 대학에 진학한다면 그 목적을 분명히 할 필요가 있다. 목적이 분명하다면 대학에 진학하고, 그렇지 않다면 다른 선택도 자유롭게 고려할 수 있는 시대적인 분위기가 조성될 것이다. 무턱대고 대학에 진학하기에는 4년 동안 투입해야 할 비용과 시간이 만만치 않다. 그렇게 수고해서 졸업해도 취업이 불투명하다.

고정관념을 거부할 용기가 필요하다

현재까지는 대학에 진학하는 편이 나을지도 모른다. 대학을 제외한 다른 대안이 마땅하지 않기 때문이다. 하지만 사회가 고도화되어 갈수록 대학 진학 이외에도 매력적인 대안들이 출현하게 될 가능성이 크다. 저출산·고령화 등 사회적인 여러 문제에 대처하기 위해, 청년들이 일찍 취업하는 방향으로 사회적인 분위기가 변모할 수밖에 없다. 그러한 시기가 언제 도래할지는 불확실하지만 이는 시간의 문제다.

이러한 점들을 예상해 보면서 자녀들의 학업이나 대학 진학을 바라보는 관점에서 여유를 가질 필요가 있다. 이 글은 학부모인 내가 나에게 보내는 메시지이기도 하다. 부모와 자녀의 관계를 그르치도록 만드는 고정관념은 과감히 거부하는 용기가 필요하다.

역경을 극복한
위인들에게 배우기

위인들에게 배우는 꿈꾸는 용기

'특별히 잘난 데도 없는 평범한 내가 이런 큰 꿈을 꾸는 것이 맞는 걸까?'

자녀가 용기를 내어서 꿈을 찾았다 해도, 꿈을 향해 가는 과정에서 이와 같은 의문이 머릿속에 떠오를 수 있다. 꿈을 추구하는 과정은 누구라도 두려울 수 있다. 그러므로 꿈이 있는 자녀로 양육하기 위해서는 자신에 대한 긍정적인 마음과 함께 용기를 잃지 않도록 도와주어야 한다. 자신을 믿지 못한다면 스스로 행복해지기도 어렵기 때문이다.

자녀들에게 용기를 주는 방법으로 역경을 극복해 낸 위인들의 이야기를 들려주는 것이 좋다.

월트 디즈니는 어린 시절 미술학교에 다니기 원했지만, 집안이 가난했고 폭력적인 성향의 아버지는 이를 허락하지 않았다. 디즈니의 잠재력을 알아봐 주었던 사람은 이웃집 노인 닥터 셔우드였다. 그는 디즈니의 그림을 자신의 방에 걸어 두고 자랑스러워했는데, 이 일은 디즈니의 인생에서 최초의 격려였다. 디즈니의 친형 로이는 월트 디즈니에게 최고의 순간이 있었다면 바로 닥터 셔우드로부터 칭찬을 듣고 자존감을 회복한 일이었을 것이라고 말했다.

젊은 시절 디즈니는 '창의적이거나 독창적인 아이디어가 전혀 없다'는 혹평을 듣기도 했지만 굴하지 않았다. 결국 그는 디즈니월드를 건립하였으며 수많은 애니매이션과 영화들을 제작했다. 그리고 48개의 아카데미상과 7개의 에미상을 포함하여 950개가 넘는 훈장과 표창을 받았다.

아이폰으로 유명한 세계적인 기업 '애플'의 설립자 스티브 잡스는 태어난 지 얼마 되지 않아서 양부모에게 입양되었다. 잡스는 초등학교 시절 학교를 자주 빼먹는 불량 학생이었다.

그러던 잡스는 '히스키트'라는 아마추어 전자공학 키트를 접하면서 인생의 방향이 달라졌다. 이 키트 덕분에 그는 전자제품에 관심을 가지게 되었다. 고등학생 시절 전화번호부를 뒤져서 HP의 CEO 빌 휴렛에게 전화를 걸어 주파수 계수기를 만들고 싶으니, 남는 부품이 있다면 줄 수 있는지를 물어보았다. 빌 휴렛은 그의 요청을 흔쾌히 들어주었다고 한다.

대학 진학을 결정해야 될 시기가 되자 잡스는 양부모에게 대학에 진학하지 않겠다고 선언했지만 잡스 부부는 아들을 입양할 때 대학에 보내겠다고 서약했기에 잡스를 설득했다. 이에 대한 반항으로 잡스는 학비가 비싼 포틀랜드의 리드대학교에 가겠다고 고집을 부려 1972년 리드대학교에 입학해 철학 공부를 시작했다. 잡스는 부모님에게 비싼 등록금을 지불하게 만든 것에 죄책감을 느껴 한 학기 만에 대학을 자퇴했다. 이후 잡스는 대학을 중퇴했다는 이유로 희망하던 직장에 취직하지 못했다. 그러나 대학을 졸업하지 못했음에도 잡스는 결국 세계적인 기업을 만들어 냈다.

🦋 위인들에게 배우는 위기 극복의 지혜

자녀들에게 실제 인물들의 이야기를 들려주는 것은 교육적으로 매우 유익하다. 대단한 위인들일지라도 삶이 항상 순탄했던 것은 아니었다. 그들에게도 결점이나 콤플렉스들이 있었으며 위기의 순간들이 많았다. 하지만 이들은 역경에 굴하지 않고 극복해 내는 도전을 감행했다. 그리고 자신들이 원하는 인생을 개척해 나갔다.

인터넷 백과사전 사이트 '위키피디아'의 한국어 버전인 '위키백과'(ko.wikipedia.org)를 검색하면 위인들의 일대기가 상세하게 기술되어 있으니 참조하면 된다. 열정을 다해 살아간 위인들의 이야기를 자주 접한다면, 자신의 인생에서도 도전적인 자세를 견지하게 될 것이다.

자녀가 작은 성취를 경험하도록 계획하라

목표가 클수록 과정들을 세부적으로 잘게 나누어야 한다. 원대한 최종 목적에 도달하기까지 행동에 지침이 될 만한 계획을 단계적으로 세우는 것이다. 아무리 사랑하는 연인일지라도 연락이 뜸하면 마음은 식기 마련이다. 연인들이 100일, 200일, 300일, 1년 등을 기념하면서 이벤트를 벌이는 이유는 이러한 날들을 기념하면서 서로에 대한 열정을 관리하는 것이다.

자녀들의 꿈은 시간적으로 멀리 떨어져 있다. 꿈이 '지구환경을 정화시키는 과학자'라면 꿈을 이루기까지 자녀에게는 십수 년의 세월이 필요하다. 그럴수록 자녀들은 꿈과 빈번히 연락을 주고받아야 하고, 중간중간 열정을 확인하는 과정들을 거쳐 나가야 한다. 그러기 위해서 계획들을 세부적으로 잘게 썰어 놓아야 한다. 자녀의 꿈을 더 구체화시키고 꿈답게 만들기 위해서는 꿈에 대한 단계별 중간 목표들을 수립하도록 도와줘야 한다.

꿈 찾기 프로젝트 #26

자녀와 함께 꿈을 위한 실천 계획을 세워 보세요.
다음과 같은 영역들로 구분해 보고 필요한 항목이 있다면 추가하거나 수정합니다.

[1년 동안 실천 계획]

	목표 내용
과목별 공부 목표	국어 목표: 영어 목표: 수학 목표: 과학 목표: 사회 목표: 체육 목표: 음악 목표: 등등
학업성적	반에서 등, 전교에서 등
교내활동	
교외활동	
학원 및 과외	
가정생활	
건강 및 취미	
친구관계	

자녀와 함께
직업을 탐색해 보라

🦅 다양한 직업의 세계

　한국직업능력개발원이 고등학생 1만 2,000명에게 희망하는 직업을 조사해 보니, 전체 학생의 50%가 선호하는 직업은 17개, 70%의 학생이 선호하는 직업은 39개, 90%의 학생이 선호하는 직업은 113개, 전체 학생이 선호한 직업은 273개 정도에 불과했다. 학생들은 직업에 대해서 제한된 정보를 가지고 있음을 확인할 수 있다.

　희망 직업은 목적을 추구하는 수단으로써 중요한 요소다. 그러므로 자녀들이 미래 희망 직업에 대해 조사해 보는 것은 의미 있는 과정이다. 자녀가 다양한 전문가들의 이야기를 들어보는 기회를 마련해 주는 것도 좋다. 교육청이나 학교에서 개최하는 행사에 참여해도 좋고, 가족이나 주변 지인들의 직장을 탐방해 보는 것도 좋다.

　커리어넷이나 워크넷에서는 직업에 대한 다양한 소개 영상물을 제공한다. 직업인이 하는 일, 되는 방법, 적성에 맞는 성격 등을 소개한다. 영상의 길이는 5분 정도이며, 실제 직업의 모습을 보여 주므로 아이들도 지루해하지 않는다.

　다음의 표는 인터넷 검색을 통해 얻을 수 있는 미래 유망 직업들의 예시이다.

IT 분야	컴퓨터, 프로그래머, 웹디자이너, 인터넷 보안전문가, 로봇디자이너, 모바일전문가, 게임전문가
예술 분야	푸드코디네이터, 주얼리아티스트, 인테리어디자이너, 캐릭터디자이너, 뷰티아티스트, 사진작가
서비스 분야	방과후지도사, 응급구조사, 물리치료사, 건강관리지도사, 애견미용사, 매너컨설턴트, 특수교육교사, 파티플래너, 실버시터, 웨딩플래너, 호스피스, 전문간호사
문화예능 분야	영화기획자, 이벤트기획자, 안무전문가
미디어 분야	아나운서, 리포터, 기자, 방송작가, 쇼핑호스트, 광고기획자, 카피라이터
커리어 분야	금융자산관리사, 정책보좌관, 외환딜러, 문화해설사, 펀드매니저, 변리사, 건축가, 전문비서, 수의사, 동시통역사, 큐레이터, 한의사, 공무원
개성 만점 분야	소믈리에, 경호원, 군인, 여행코디네이터, 항공기정비사, 경찰, 바리스타, 소방관, 동물조련사
과학기술 분야	생명공학과학자, 문화기술자, 환경기술자, 우주항공과학자, 자동차공학자

❦ 희망 직업과 관련 학과 검색하기

부모는 자녀와 직업을 '함께 알아보는' 태도로 접근해야 한다. 부모의 선입견을 배제하고 자녀와 함께 관심 직업을 조사해 본다면 그 자체로 자녀와의 대화가 가능할 것이다. 자녀가 직업에 대해 어려워하거나 잘못 해석하는 경우를 바로 잡아 주면서 대화해 보자.

자녀가 희망 직업을 선정했다면 이제는 희망하는 대학 전공을 선정할 수 있다. 직업과 관련된 학과는 인터넷을 통해서 확인할 수 있다. 자녀에게 자신의 희망 직업과 관련된 학과를 조사하도록 시간을 주는 것도 좋다. 그러한 조사 결과를 가족들에게 소개해 주면서 정보를 공유하도록 한다.

꿈 찾기 프로젝트 #27

자녀와 함께 직업 찾기 활동을 해 보세요.

- 자녀의 꿈을 이루기 위해 필요한 직업들을 조사해 보기.
- 세상에서 가장 필요한 직업 5가지 생각해 보기.
- 미래에 새로 생길 것 같은 직업 5가지 생각해 보기.
- 직업 많이 적기 게임: 알고 있는 직업들을 최대한 많이 적어 본다.
- 기록된 직업들을 활용하여 빙고게임을 한다. 가로/세로/대각선의 빙고를 가장 많이 이루는 사람이 승리한다.

자녀가 원하는 미래의 직업, 희망하는 학과에 대해 나눠 보세요.

🦋 꿈에 대한 확신을 키워 주는 부모 역할

　아이들은 꿈을 만들었음에도 그냥 꿈으로 남겨 두는 경우가 많다. 꿈은 꿈이고 현실은 현실이라는 생각인데, 이런 생각에 매여 있다면 꿈을 향해서 노력하기가 쉽지 않다.

　우리는 자녀에게 꿈에 대한 확신을 키워 줄 필요가 있다. 그래야 꿈을 향해 지속적으로 노력할 수 있다. 꿈에 확신을 키워 주기 위해서는 자녀에게 사소할지라도 작은 성취들을 경험하도록 유도하는 것이 필요하다. 성취를 경험한다면 자신의 꿈이 실현될 수 있다는 자신감도 가질 수 있기 때문이다.

　또한 꿈에 대한 확신을 키워 주기 위해서 자녀의 꿈을 이미지화하는 방법들을 활용할 수 있다. 꿈을 시각적으로 표현할 때 뇌가 더욱 집중한다는 연구도 있다. 사람의 두뇌는 분명하게 표현된 것, 특히 시각적인 이미지에 의해 활성화된다. 자녀의 꿈을 그림이나 사진으로 시각화하여 자녀의 방에 전시해 두면 의식적, 무의식적으로 뇌를 활성화시켜 꿈을 위한 노력에 집중할 수 있다.

꿈 찾기 프로젝트 #28

자녀의 꿈을 시각화할 수 있도록 다음의 방법들을 활용해 보세요.

– 미래의 명함 만들기: 자녀가 선택한 직업을 이룬 모습을 상상하여 미래 명함을
만들어 보세요. 인터넷을 검색하여 독특한 디자인의 명함들을 활용할 수 있으며
자녀가 스스로 디자인할 수도 있어요.

– 미래 자서전 만들기: 태어나서부터 죽을 때까지 자녀의 미래 자서전을 미리 써
보세요. 현재까지의 경험을 활용하고 미래에 꿈을 이루어가는 과정에서의 노력과
사건들을 상상해서 기록해 볼 수 있어요.

– 꿈 스케치 만들기: 잡지, 신문이나 인터넷에 있는 이미지들을 활용하여 자녀가
이루고 싶은 활동들과 관련된 이미지들을 보드에 붙입니다. 꿈을 이루기 위해
필요한 노력들도 추가해 보세요. 만들어진 꿈 스케치는 자녀의 방에 붙여 두거나
사진을 찍어 지갑에 넣고 다닐 수도 있어요.

부모 스스로
성공을 재정의하라

성공이란 무엇일까?

자신이 원하는 꿈을 이뤄 내는 그 자체를 성공이라고 말하기 쉽지만 나는 성공의 정의를 다르게 생각한다. 꿈을 이뤘다고 하지만, 패가망신하는 경우도 있다. 돈을 많이 벌고, 유명해지고, 권력을 잡았지만 교도소에 가는 경우도 있으며, 형제들끼리 등을 지거나, 자녀들이 유산을 두고 갈라서기도 한다. 목표의 성취 여부가 성공을 판가름하는 기준이 아니며, 돈을 많이 벌었다고 해서 성공했다고 말할 수도 없다.

'성공'을 새롭게 정의할 필요가 있다. 뭔가를 이루는 자체를 성공으로 보는 시각을 넓혀 보자. 내가 제안하는 성공의 새로운 정의는 '목적을 향해 의미 있게 살아가는 삶' 그 자체다. 아무것도 이루지 못할지라도 인생에서 후회가 남지 않는다면 그것이 바로 성공이다. 인생에서 후회를 남기지 않는 것, 다시 살아도 이렇게 살고 싶은 삶이 내가 생각하는 성공적인 인생이다.

그런 의미에서 미래에 자녀가 지금 가진 꿈을 이루지 못해도 괜찮다고 말하고 싶다. 원하는 꿈을 향해 노력하면서, 의미를 추구하는 삶을 살았다면 충분히 괜찮은 인생이며, 그것으로도 행복이다. 꿈의 성취를 떠나서 가치 있는 목적에 도전한 것은 의미 있는 인생이다. 정말로 슬픈 일은 의미 있는 목적에 도전해 보지 않은 삶이며, 무가치한 목표들에 얽매인 채로 인생을 낭비하는 것이 바로 실패일 것이다.

꿈을 향해 가는 과정이 행복이다

상황이 어려워서 도저히 꿈꿀 수 없다고 항변하는 자녀들이 많다. 학업 성적을 비롯하여, 자산, 외모, 능력, 대인관계 등이 부족해서 꿈꿀 수 없다고 말한다. 도무지 꿈꿀 용기를 내지 못하는 자녀들에게 '경영의 신'이라 불리는 마쓰시타 고노스케 회장의 명언을 들려주자.

"나는 하나님께서 주신 세 가지 은혜 덕분에 성공할 수 있었다. 첫째, 집이 몹시 가난해서 어릴 적부터 구두닦이, 신문팔이를 하였는데, 이를 통해 부지런히 일하지 않고는 잘살 수 없다는 것을 깨달았다. 둘째는 태어났을 때부터 몸이 몹시 약해서 건강의 소중함을 알고 항상 운동에 힘썼으므로 늙어서도 건강하게 지낼 수 있게 되었다. 셋째는 초등학교도 못 다녔기 때문에 세상 모든 사람들을 스승 삼아 질문하며 열심히 배우는 일을 게을리하지 않았다."

지금은 부족할지라도 자녀들의 미래가 어떻게 변모할지 아무도 장담할 수 없다. 자녀들이 진정 원하는 꿈을 가진다면, 현재의 상황이 아무리 어렵더라도 열심히 살아야 하는 의미를 발견할 수 있으며, 공부를 열심히 하는 이유도 잃지 않을 수 있다.

'꿈의 결과는 30년 후에 확인해 보자.'

자녀와 함께 위의 문장을 소리 내어 함께 읽어 보자. 30년 후의 미래를 그려 보는 스토리형 꿈을 만들어 냈다면, 30년 동안 노력하면서 삶을 만들어 나가면 된다. 꿈의 결과는 30년 후에 확인해 보면 된다. 꿈이 이뤄지면 감사할 일이고, 꿈을 이루지 못해도 30년이라는 과정을 의미 있게 살았다면 그것으로 감사할 일이다. 꿈을 향해 도전하면서 살았다면 그것은 성공이다.

성공의 의미를 새롭게 정의 내린다면 우리는 결과에 연연할 필요가 없으며, 꿈을 향하는 과정에서 행복을 찾아나가면 된다. 그것이 성공적인 삶을 향한 지름길이다.

자녀들이 성공을 새롭게 이해할 수 있도록 설명해 주고, 꿈을 이루지 못해도 의미를 추구하는 삶을 살았다면 그래도 멋진 인생임을 깨닫도록 해 주자. 원하는 꿈을 향해 의미 있게 살았다면 이미 성공적인 삶이기 때문이다.

꿈 찾기 프로젝트 #29

꿈을 이루지 못했다고 실패하는 것은 아님을 자녀에게 설명해 주세요.
꿈을 향해 최선을 다한 과정이 성공한 인생임을 자녀에게 설명해 주세요.

꿈 찾기 프로젝트 #30

가족들의 꿈 발표회를 진행해 보세요.
가족들이 둘러앉아서 각자의 꿈을 발표하고 박수를 쳐 주면서 서로 격려해 보세요.
자녀가 꿈을 발표할 때 부모님이 할 수 있는 최고의 칭찬을 해 줍니다.

자녀의 꿈을 출력해 책상에 붙여 놓습니다. 꿈을 수시로 볼 수 있다면 꿈에 대한
생각을 보다 자유롭고 적극적으로 할 수 있어요.

자녀의 꿈과 함께 성장하는 부모

"저는 현재를 즐기면서 행복하게 살고 싶은데, 미래의 꿈을 위해 현재의 고통스러움을 감수해야 하는 이유는 뭔가요?"

이메일을 통해 이렇게 질문하는 학생들이 많다. 학생들이 이렇게 물어보는 이유는 자신이 원해서 꿈을 정했다기보다는, 누군가가 추천해 준 희망 직업을 꿈으로 선택했기 때문일 가능성이 크다. 본인이 진정 원해서 결정한 꿈이라면 노력하는 과정도 행복할 수 있으며, 힘든 과정을 만난다면 그 고통의 의미를 본인이 명확히 이해하기 때문에 이런 질문은 나오지 않았을 것이다.

꿈은 반드시 자녀가 스스로 결정해야 한다. 가슴을 뛰게 만드는 꿈이라야 제대로 된 꿈이다. 가슴 뛰는 꿈을 다르게 표현해 보자면, 본인이 몰입할 수 있는 꿈이라고 말할 수 있다. 누군가의 추천으로 만들어진 꿈은 가슴을 뛰게 하지 못하며 몰입하게 만들 수도 없다. 꿈에 몰입하지 못한다면 자녀가 그 꿈에 최선을 다하기는 어려울 것이다.

어떤 꿈에 몰입하기 위해서는 소중한 의미가 담겨 있어야 한다. 현실적으로는 가족의 생존, 안전이 걸려 있거나, 이상적으로 자기존중, 자아실현 등 본인의 신념에 부합하는 어떤 의미가 담겨 있어야 한다. 자녀들이 꿈 찾기는 역시 자녀가 좋아하는 것에서 시작해야 하며, 그 속에서 의미를 발견할 수 있도록 부모가 도와야 한다. 그러한 속에서 꿈에 도전할 수 있으며 공부의 의미도 발견할 수 있다. 어려움을 극복해 내려는 의지도 불태울 수 있다.

　자녀의 꿈 찾기 프로젝트는 근원적으로 부모를 위한 활동이다. 그렇게 말하는 첫 번째 이유는 자녀가 꿈을 가짐으로써 부모가 가장 큰 보람을 느낄 수 있기 때문이다. 꿈이 있고 없고의 차이는 사소해 보이지만, 인생 전체를 놓고 보면 엄청난 차이를 만들어 낸다는 사실을 부모는 잘 알고 있을 것이다. 하지만 자녀들이 그런 점을 깨닫기에 아직 어리다. 그래서 부모는 애가 탄다. 자녀들이 꿈을 향해서 열정적으로 도전하면 좋으련만 좋아하는 것도, 의욕도 없는 자녀를 보면 부모의 마음은 여지없이 무너진다.

　꿈 찾기 프로젝트는 자녀가 보다 나은 삶을 살길 바라는 부모의 바람에서 시작된다. 자녀가 가슴 뛰는 꿈을 만들어 낼 수 있다면, 그러한 속에서 보람을 만끽할 사람은 바로 부모일 것이다.

　자녀의 꿈 찾기 프로젝트가 부모를 위한 활동이라고 생각하는 두 번째 이유는, 이러한 활동을 통해 부모가 먼저 성장할 것이기 때문이다. 사람은 타인을 도우려 노력할수록 본인이 먼저 성장한다. 인간은 그렇게 만들어졌다. 자녀의 꿈을 도와주려는 시도에서 부모가 먼저 자신의 어린 시절의 꿈을 회고할 수 있으며, 삶을 새롭게 살아갈 용기를 얻게 될 것이다.

당부하는 바는, 꿈 찾기 프로젝트를 진행하면서 부모는 어떤 경우라도 자녀를 격려하고, 격려하고, 격려해 주기를 바란다. 꿈꾸기 위해서는 지식이 아니라 용기가 필요하다. 세상에는 공짜가 없으며, 인생에서 헛되이 버려지는 노력이란 없다.

나는 가정에서 부모와 자녀가 함께 꿈 찾기 프로젝트를 시도할 수 있기를 바란다. 이 책이 완벽하지는 않지만, 부모와 자녀가 함께 꿈에 대해 생각하는 계기가 되기를 바란다. 공부를 열심히 해야 하는 이유, 그것은 본인의 심장을 뛰게 만드는 꿈에서 찾아야 한다. 자녀들이 원하는 꿈을 만든다면 스스로 즐겁게 노력할 수 있다.

나는 부모의 노력으로 자녀의 꿈 찾기 프로젝트가 충분히 가능하다고 믿는다. 꿈 찾기 프로젝트를 통해 부모가 먼저 꿈꾸고 그 꿈을 자녀에게 얘기해 주자. 부모가 먼저 꿈꾸면 자녀들은 더 큰 용기를 가질 수 있다. 부모가 아니라면 누구도 자녀의 꿈을 도와줄 수 없다. 아이들이 가슴 뛰는 꿈을 꾸는 세상이 되길 기도한다.

[부록] 자녀와 함께 꿈 찾기 프로젝트 30

단계	프로젝트 활동내용	본문
1	자신의 이름의 뜻, 좌우명, 좋아하는 과목, 존경하는 사람을 소개해 보세요.	
2	자신을 소개하는 20가지 질문에 답해 보세요.	
3	자녀가 태어나면서 우리 가정에 생긴 축복들을 기록해 보고, 이러한 축복들을 자녀에게 들려주거나 편지로 전해 주세요. 자녀를 따뜻하게 안아주면서, "우리 집에 태어나줘서 고마워"라고 고백해 보세요.	2장
4	내 머릿속에 남아 있는 부모님의 긍정적인 모습들을 기록해 보세요. 나는 자녀에게 어떠한 모습으로 기억되고 싶은지 기록해 보세요. 기록한 내용들을 자녀에게 얘기해 주세요.	
5	어린 시절 가졌던 꿈과, 그 꿈을 가지게 되었던 계기를 기록해 보고, 부모님의 어린 시절의 꿈을 자녀에게 얘기해 보세요.	
6	가족들과 함께 버킷 리스트를 작성해 보세요.	3장
7	자녀가 진심으로 좋아하는 것을 물어보세요. 자녀가 좋아하는 것 뒤에, '산업'이라는 단어를 붙여 보세요.	
8	자녀에게 커리어넷, 워크넷 등 다양한 진로 관련 사이트들을 소개해 주고, 진로 사이트들에서 활용할 수 있는 다양한 콘텐츠에 대해 자녀와 함께 대화해 보세요.	4장
9	자녀와 함께 홀랜드 직업흥미도 검사를 실시해 보세요.	
10	다중지능검사를 해 보고, 자녀의 재능을 점검해 보세요. 자녀에게 재능의 의미를 설명해 주세요.	
11	자녀와 함께 MBTI검사를 실시해 보세요.	

12	부모님이 가진 삶의 신념을 자녀들에게 이야기해 주면서 자녀와 대화해 보세요.	
13	자녀에게 공부를 열심히 해야 하는 이유를 물어보세요. 공부라는 활동이 가진 다양한 의미들을 자녀에게 설명해 주세요. 공부를 열심히 해야 하는 의미 10가지를 작성해서 토론해 보세요.	5장
14	자녀가 종일 몰입할 수 있는 분야, 미칠 수 있는 분야가 무엇인지 물어보세요. 가족이 각자 자신이 몰입할 수 있는 분야는 무엇인지 나눠 보세요.	
15	자녀의 인생에서 소중하다고 생각되는 가치들에 대해 물어보세요. 어떤 가치를 추구하면서 살아가야 할지 자녀와 대화해 보세요. 가정에서 "가치조각 버리기 활동"을 해 보세요.	
16	자녀에게 희망 직업을 물어보세요. 희망 직업을 원하는 이유와 목적을 다시 물어보세요. 희망 직업을 넘어서는 목적이 필요함을 자녀에게 설명해 주세요.	
17	목적을 따르는 삶을 살았을 때 30년 후 어떤 삶을 살고 있을지 상상하며 대화해 보세요. 목적을 따라 살았을 때의 30년 후와, 목적 없이 살았을 때의 30년 후의 삶이 어떻게 다를지 대화하면서 설명해 주세요. 부모님의 인생의 목적은 무엇인지 자녀에게 이야기하면서 대화를 나눠 보세요.	6장
18	세상을 도와주는 목적들의 리스트를 자녀에게 보여 주세요. 자녀는 어떤 목적을 추구하고 싶은지 물어보세요.	
19	대한민국을 위해 무엇을 하고 싶은지 자녀와 대화를 나눠 보세요.	
20	인류를 위해 무엇을 하고 싶은지 자녀와 대화를 나눠 보세요.	
21	가족들이 함께 '세상의 문제들 게임'을 해 보세요. 적은 문제들을 활용해서 빙고 게임을 진행해 보길 바랍니다. 자녀에게 사명선언문을 작성해 보게 하세요.	
22	자녀와 함께 스토리형 꿈을 완성해 보세요. 부모님도 자신의 스토리형 꿈을 완성하여 자녀에게 이야기해 주세요.	

23	꿈을 향해 노력하는 과정에서 필요한 핵심 습관들을 기록해 보세요.	
24	공부하는 것도 습관임을 자녀에게 설명해 주세요. 공부하는 과정에서 습관을 익히기 위한 방법들을 함께 나누어 보세요.	
25	가족들과 함께 자신이 본받고 싶은 롤모델 3명을 써 보세요. 각자가 정한 롤모델들을 조사해 보고 내용을 서로에게 설명해 주세요.	
26	자녀와 함께 꿈을 위한 실천 계획을 세워 보세요.	7장
27	자녀와 함께 직업 찾기 활동을 해 보세요. 꿈을 이루기 위해 필요한 직업들을 조사해 보기, 직업 많이 적기 게임 자녀가 원하는 미래의 직업, 희망하는 학과는 무엇인지 나눠 보세요.	
28	자녀의 꿈을 시각화할 수 있도록 다음의 방법들을 활용해 보세요. 미래의 명함 만들기, 미래 자서전 만들기, 꿈 스케치 만들기 등.	
29	꿈을 이루지 못해도 실패하는 것은 아님을 자녀에게 설명해 주세요. 꿈을 향해 최선을 다한 과정이 성공임을 자녀에게 설명해 주세요.	
30	가족들의 꿈 발표회를 진행해 보세요. 자녀의 꿈을 출력하여 책상에 붙여 주세요.	

꿈을 만난 아이는
행복한 인재로 자란다

1판 1쇄 2015년 9월 15일 발행
1판 3쇄 2018년 1월 22일 발행

지은이 · 이익선
펴낸이 · 김정주
펴낸곳 · ㈜대성 Korea.com
본부장 · 김은경
기획편집 · 이향숙, 김현경, 양지애
디자인 · 문 용
영업마케팅 · 조남웅
경영지원 · 장현석, 박은하

등록 · 제300-2003-82호
주소 · 서울시 용산구 후암로 57길 57 (동자동) ㈜대성
대표전화 · (02) 6959-3140 ｜ 팩스 · (02) 6959-3144
홈페이지 · www.daesungbook.com ｜ 전자우편 · daesungbooks@korea.com

ⓒ 이익선, 2015
ISBN 978-89-97396-57-3 (03370)
이 책의 가격은 뒤표지에 있습니다.

이 도서의 국립중앙도서관 출판예정도서목록(CIP)은 서지정보유통지원시스템
홈페이지(http://seoji.nl.go.kr)와 국가자료공동목록시스템(http://www.
nl.go.kr/kolisnet)에서 이용하실 수 있습니다.(CIP제어번호: CIP2015022847)